汉语写作一书通
중국어작문통

HSK 4·5·6급 작문대비

저자 손 정

제이앤씨
Publishing Company

　　本书专为学习汉语学时达一年半以上，具有初中级汉语水平的学习者而特别编写的一本汉语写作教材，适用于想提高自身汉语写作水平的学习者，也对有意参加hsk4级，hsk5级，hsk6级考试的考生准备书写部分有帮助。本教材的编写指导思想为以词汇、语法等语言要素为基础，对学习者进行专门的，全面的，循序渐进的写作技能训练，目的通过课堂教学或学生自学，进行写作技能的操练，有计划地提高写作表达水平，促进学习者运用汉语进行社会书面交际的能力的全面发展。本书一共十课，按照从易到难的顺序，涵盖记叙文、说明文、议论文等各种文体，涉及词汇、语法等多个语言要素，写作内容多涉及现实生活的各个方面。

　　写作能力是运用语言文字进行表达和交流的重要方式，它体现的综合运用语言的能力，需要具备一定的基础知识才能进行灵活应用，是听、说、读、写四种技能中难度最大的一个。它与学习者的词汇知识，语法知识，汉字掌握等都有一定的关系。因此本书着重于系统化规范化的多层次多种类的语言训练项目，希冀能由浅入深由易到难逐步提高学习者的写作能力。

　　本教材在编写过程中得到了很多老师和学生的支持帮助，特别是我的先生李英雨全面负责了韩语的翻译和审定工作，此外，本书在很多环节上都离不开出版社的大力协助，在此谨表示最诚挚的谢意。编写过程中，难免存在谬误和不足之处，真诚希望得到诸位的宝贵意见，以便更好地完善这本教材。

编者 孙贞

이 책은 중국어 학습시간이 1년 반 이상이고, 초·중급 수준인 학습자들을 위해서 특별히 편찬된 중국어작문교재로서, 중국어 작문수준을 높이고 싶은 학습자를 위해 쓰여졌습니다. HSK 4·5·6급 시험에 참가하려는 수험생이 작문파트를 준비할 때에 도움을 줄 수 있습니다. 이 교재의 편집방향은, 어휘, 문법 등 언어 요소를 기초로 하여, 전문적이고, 전면적이며, 점진적인 작문능력배양 소스를 제공하여, 학생이 교실수업이나 자습을 통해서 작문능력을 배양하고, 체계적으로 작문표현수준을 높이며, 중국어를 사용하여, 사회에서 서면으로 교제하는 능력을 전체적으로 발전시키도록 돕는 것이 목적입니다. 이 책은 총 10과이고, 저난이도에서 고난이도의 순서로 서술문, 설명문, 논설문 등의 각종 문체를 망라하고, 어휘, 문법 등 다양한 언어요소를 언급하며, 작문내용은 일상생활의 각 방면을 언급합니다.

작문능력이란 문자언어를 사용하여 표현과 의사소통을 진행하는 중요한 방식이고, 작문능력을 통해 드러나는 종합적 언어운용능력은 일정한 기초지식을 갖추어야 자유롭게 발휘될 수 있고, 듣기, 말하기, 읽기, 쓰기 등 4가지 기능 중에서 난이도가 가장 높은 것입니다. 작문능력과 학습자의 어휘지식, 문법지식, 한자이해능력 등은 모두 어느 정도 관계가 있습니다. 그래서, 이 책은 체계화되고, 규범화된 다양한 레벨, 다양한 종류의 언어훈련항목에 중점을 두었고, 점진적으로 학습자의 작문능력을 향상시키는 것을 목표로 합니다.

본 교재는 편찬과정 중에서 많은 선생님과 학생들의 지지와 도움을 얻었는데, 특히 제 남편 이영우 선생은 한국어의 번역과 교정 작업을 전체적으로 책임 졌습니다. 이밖에 본 교재는 많은 단계에서 출판사의 대대적인 협조를 받았습니다. 이에 삼가 가장 큰 감사의 뜻을 표합니다. 편찬과정 중에서 실수와 부족한 점이 있을 수 있으니, 여러분들께서 소중한 의견을 보내주시어, 교재를 수정하는 데 도움을 주십시오.

저자 손 정

　　本书前半部以初中级写作为目标，相当于HSK4, 5级写作难度，具体的教学目标为：

1. 通过范文学习与讨论，初步掌握常见的汉语文章的结构特点。
2. 在教师或范文的引导下，能进行恰当的语句、语段、篇章的写作。
3. 对自己熟悉的内容，能组织话语进行连贯的口头表达。
4. 根据汉语的表达习惯，写出层次清楚、语句通顺的小作文。

　　后半部以中高级写作为目标，相当于HSK5, 6级写作难度 具体的教学目标为：

1. 能阅读所给材料，理解原文的主要内容。
2. 能用书面形式，写出原文的各段摘要。
3. 能用书面形式表达个人的意见和看法，并且句子通顺，层次分明，意思准确。
4. 能撰写一般性的文章，表达个人意见，使读者产生共鸣。

본 교재의 전반부는 초·중급의 작문으로 HSK 4·5급의 작문 난이도에 해당하고, 구체적인 교육목표는 다음과 같습니다.

1. 본문의 학습과 토론을 통해서 흔히 쓰이는 중국어 문장의 구조 특징을 기본적으로 마스터합니다.
2. 교사 혹은 본문의 지도를 통해서, 적당한 어구, 문단 및 글을 작문할 수 있습니다.
3. 자신이 잘 알고 있는 내용에 대해서, 관련된 말을 만들어서 구두 표현을 합니다.
4. 중국어의 표현습관에 근거해서 층위가 분명하고, 어구가 잘 이어지는 짧은 글을 씁니다.

후반부는 중고급 작문으로, HSK 5·6급 작문의 난이도에 해당되며, 구체적인 교육 목표는 다음과 같습니다.

1. 독해자료를 읽고, 원문을 이해할 수 있습니다.
2. 서면 형식을 사용하여, 원문의 각 개요를 쓸 수 있습니다.
3. 서면 형식을 사용하여 개인의 의견과 견해를 표현할 수 있고, 아울러 문장이 잘 이어지고, 구성 단계가 명확하며, 의미가 정확합니다.
4. 일반적인 글을 써서, 자신 의견을 표현하여, 독자의 공감을 얻을 수 있습니다.

本教材的编写针对学生"写"的能力的训练，采取由易到难，循序渐进的原则。

第一课到第三课的写作内容是记叙文，主要是对人的记叙，如介绍自己的兴趣爱好、自己的过去和未来等等。这些内容写起来相对容易些。语言练习的重点在于常见句型和语序，主语的省略，最易出现的词语混淆等问题。

第四课和第五课是说明文的写作，学会看图写作，了解如何描述一张照片或图片，自己的房间，或者熟悉的地方等。语言重点是掌握存现句的用法，以及"是、在、有"等句子的差异。

第六课的写作内容也是记叙文，不过重点从写人转到了叙事的方面，学会通顺流畅地说明事件的发生，过程和结果，同时学会如何分段记叙。语法重点是汉语各种补语和"把"字句。

第七、八、九课是议论文的写作。第七课讨论大学生是否应该打工，同时了解议论文的论点、论据、论证；第八课以父亲写给儿子的信为主题，一方面了解汉语书信的基本格式，同时也学会"夹叙夹议"的方式；第九课是一篇读后感，在简单介绍所读作品的基础上，对作品进行分析评价，以帮助读者更了解作品，描写，议论，抒情等多种方式结合。语法重点是汉语各种补语和"被"字句。

第十课是一篇求职信，对于高级阶段的学生来说，可以借此了解在求职时的自我介绍的写法及常用句型。语言重点在于使动句的用法。

이 교재는 학생의 "쓰기"능력을 훈련하는 것을 목적으로 하여, 난이도가 낮은 단계에서 높은 단계로, 단계적으로 편집되었습니다.

제1과부터 제3과의 작문내용은 서술문으로 주로 사람에 대한 서술로서, 자신의 흥미와 취미, 자신의 과거와 미래 등의 소개를 중심으로 하고, 상대적으로 좀 쉽습니다. 언어훈련의 중점은 자주 쓰이는 문형과 어순, 주어의 생략, 범하기 쉬운 단어의 혼동 등의 문제입니다.

제4과와 제5과는 설명문의 작문으로서, '그림보고 쓰기'를 배우고, 어떻게 사진과 그림, 자신의 방, 혹은 잘 아는 장소 등을 묘사하는지를 이해하게 됩니다. 어법의 중점은 존재문의 용법, '是, 在, 有'의 차이를 마스터하는 것입니다.

제6과의 작문도 역시 서술문입니다. 그러나, 중점은 사람에 관한 것이 아니라, 사건에 관한 것으로 전환됩니다. 사건의 발생, 과정과 결과를 흐름이 자연스럽고 잘 이어지도록 설명하고, 동시에 어떻게 문단을 나누고 기술하는지를 배우게 됩니다. 어법중점은 중국어의 각종 보어와 '把'자문입니다.

제7과부터 제9과까지는 논설문의 작문입니다. 제7과에서는 대학생이 아르바이트를 하는 것에 대해서 토론하면서, 동시에 논설문의 논거, 논증 등을 이해합니다. 제8과에서는 부친이 아들에게 쓴 편지를 주제로 하여, 중국어 편지의 기본 격식을 이해하고, 동시에 '서술 및 논평'의 방식을 배우게 됩니다. 제9과는 한 편의 독후감인데, 읽은 작품을 간단하게 소개하는 토대 위에서, 작품에 대해 분석과 평가를 함으로써, 독자가 깊이 있게 작품을 이해하는 것을 돕고, 표현방식상 묘사·논술 토론·서정 등 각종 방법을 결합합니다. 어법중점은 중국어의 각종 보어와 '被'자문입니다.

제10과는 한 편의 구직 이력서로서, 고급단계의 학생이 구직시의 자기소개서를 쓰는 방법 및 상용하는 문형을 이해하는데 도움을 줍니다. 어법중점은 사역문의 용법에 있습니다.

教材的每一课分为主题、本课要点、导入：想一想，说一说，范文讨论与学习、生词、课堂练习、语法要点、词汇要点、写作要点、句型练习、以及思考和写作等几个部分。

主题：点明本课主要写作目标

本课要点：详细列出本课的学习重点，包括语法重点、词汇重点、写作重点等。

导入部分：通过提问来引发思考。训练先想-再说-最后写出来的写作方式。

范文讨论与学习：范文是教材的重要部分，考虑到教学难度和写作特点，第一课到第五课，是供学习模仿的实用性范文，内容多为日常生活和简单交际等，课文比较短，主要面向刚开始学习写作的韩国学习者，易理解和模仿；第六课到第十课，多选自一些经过编辑和修改后的中文原文，既可以作为阅读材料，同时也可以习得较为高级的写作形式和内容，使学习者接触和了解原汁原味的中文书写，增强汉语书面语语感。

生词部分：范文后面附有生词和解释，生词不要求全部掌握，主要用来帮助理解范文。生词的释义采用韩文注释，释义只限于范文中出现的义项。前五课的生词比较简单，后五课的生词数量和难度比较大。

课堂练习：ⓐ回答问题：主要检查对课文的理解程度以及是否能用汉语准确回答相关问题。ⓑ填空题考察是否掌握了本课的一些重要词语和句子。ⓒ连词成句的练习一般都出自课文中的某一段，通过夏习查找课学习如何连词成句，连句成段。ⓓ同时为了鼓励和促进主题写作，还安排了相互提问对话的练习，这样可以起到彼此启发和互相帮助的作用，也为后面的写作打下基础。

语法要点：介绍课文中出现的汉语基础语法知识和常用句型。从句子的基本成分开始，到复句，再到一些特殊句型和易错的语法点。语法知识力求系统化、条理化、浅显化，并有意识地针对韩国学生易错易混淆点进行了说明讲解。后面附有练习。

词汇要点：介绍初、中阶段词汇学习时不容易掌握，或者在学习时易错的一些常见词汇的用法，主要通过近义词和正误例句的对比来解释说明。后附有练习。

在语法讲解和词汇讲解后附有句型练习的部分，通过练习可以确认是否掌握了相关知识。练习也是教材中的一个重要组成部分。结合每课的重点内容，练习项目中包括了填空、完成句子、造句、翻译、组词成句，组句成段，看图说话等多种形式。这些练习形式上力求多样化，具备可操作性等，有些课堂上完成，有些可以课下完成。同时又与HSK考试的写作部分接轨，方便学习者备考。

写作要点：针对汉语常见写作形式，进行详细指导。包括记叙文、说明文、议论文的写作要点分别是什么，如何进行分段等写作知识。

句型练习：通过提供多种句型，多个例句，供学习者模仿造句。

思考与写作：给出具体的写作要求，模仿范文进行写作练习。

교재의 매 과는 '주제', '이 과의 포인트', '도입 : 생각해보고 말해보시오', '본문토론과 학습', '새 단어', '본문 연습', '어휘 포인트', '작문 포인트', '문형 연습' 및 '생각하고 작문하기' 등의 부분으로 되어 있습니다.

주제 : 이 과의 작문 목표를 제시합니다.

이 과의 포인트 : 어법 포인트, 어휘 포인트와 작문 포인트를 포함해서, 이 과의 학습포인트를 구제적으로 제시합니다.

도입부분 : 문답형식으로 학습자의 사고와 답변을 유도합니다. 먼저 생각한 후에 말을 해보고, 마지막으로 써 보는 작문방식을 훈련합니다.

본문 토론과 학습 : 본문은 교재의 중요부분으로서, 학습난이도와 작문특징을 고려해서, 제1과에서 제5과까지는 모방하여 배울 수 있는 실용적 본문을 제공하는데, 내용은 대부분 일상생활과 간단한 자기소개 및 의사소통으로 본문은 비교적 짧고, 주로 처음 작문공부를 시작한 한국인 학습자가 이해하고 모방하기에 편리하도록 하였습니다. 제6과에서 제10과까지는 첨삭과 수정의 과정을 거친 중국어원문을 주요 독해 텍스트로 삼아서, 학습자가 비교적 고급스러운 작문형식과 내용의 습득을 통하여, 원문의 풍미를 느낄 수 있는 중국어를 접하고 이해함으로써, 중국어 서면어체의 어감을 형성할 수 있게 하였습니다.

새 단어 부분 : 본문 뒤에는 새 단어와 해석을 덧붙였는데, 새로운 단어는 모두 마스터할 필요는 없고, 본문을 이해하는데 도움을 줄 수 있으면 됩니다. 새 단어의 해석은 한국어 설명을 채택하였고, 본문 중에 출현한 뜻에 한정시켰습니다. 전반부의 5과는 새 단어가 쉽고, 비교적 간단하지만, 후반부의 5과는 새로운 단어가 많고, 난이도가 비교적 높습니다.

본문 연습 : ⓐ질문에 답하기 : 주로 본문의 이해정도 및 중국어로 관련된 질문을 정확히 답변할 수 있는지를 점검합니다. ⓑ빈 칸 채우기 문제는 본문을 학습한 후에 이 과의 중요 단어와 문장들을 파악하고 있는지를 점검합니다. ⓒ주어진 단어를 이용해서 문장을 만드는 연습은 일반적으로 모두 본문 중의 어떤 문단으로부터 출제되며, 본문을 복습하고

찾아보기를 통해서 단어가 어떻게 문장이 되고 문장이 어떻게 문단이 되는지를 배울 수 있습니다. ⓓ 동시에 주어진 주제에 대해 작문하는 능력을 배양시키기 위해서, 서로 질문하며 대화하는 연습과정을 통해서, 학습자가 서로의 학습의욕을 고무시키면서 서로 도울 수 있게 하여, 이후의 작문실력을 쌓는데 기초를 다질 수 있도록 했습니다.

어법 포인트 : 본문 중에 언급되는 중국어의 기초어법지식 및 자주 쓰는 문형을 소개합니다. 문장의 기본성분부터 복문까지, 또 특수문형과 틀리기 쉬운 어법 포인트까지도 언급합니다. 어법지식은 체계화, 원리화, 평이화에 역점을 두었고, 한국 학습자가 틀리기 쉽고 혼동하기 쉬운 부분에 대해 설명을 합니다. 설명의 뒷부분에는 연습문제를 덧붙였습니다.

어휘 포인트 : 초·중급어휘 학습시에 마스터하기 어렵거나 쉽게 틀릴 수 있는 자주 쓰이는 어휘의 용법을 소개하고, 주로 유의어와 맞는 문장과 틀린 문장을 대비함으로써 설명을 합니다. 설명 뒤에는 연습을 덧붙였습니다.

어법설명과 어휘 설명 뒤에는 문형 연습 부분을 덧붙였는데, 연습을 통해서 관련 지식을 파악했는지 확인할 수 있습니다. 연습도 교재 중의 중요한 구성부분입니다. 매 과의 중점내용에 근거해서, 연습항목 중에는 빈 칸 채우기, 문장완성, 작문, 번역, 단어를 조합하여 문장 만들기, 문장을 조합하여 문단 만들기, 그림 보고 말하기 등 다양한 형식을 포함했습니다. 이러한 연습은 형식상 다양화를 추구하고, 활용성을 구비하여, 어떤 것들은 수업시간에 수행하고, 어떤 것은 수업시간 이후에 수행하도록 되어 있습니다. 동시에 HSK시험의 작문부분과 연관되어 있어, 학습자가 시험을 대비하는 데에 용이하도록 했습니다.

작문 포인트 : 중국어에서 자주 보이는 작문형식을 자세히 지도합니다. 서술문, 설명문, 논설문의 작문포인트가 무엇인지, 문단 구성과 나누기 등의 작문지식을 포함합니다.

문형 연습 : 다양한 문형, 여러 예문을 제공함으로써, 학습자로 하여금 모방을 통해서 작문할 수 있도록 합니다.

생각하고 작문하기 : 구체적으로 작문하도록 포인트를 제시하여, 본문의 모방을 통해서 작문을 연습하도록 합니다.

1. 本教材采用双语形式，中文和韩文对应，既有助于韩国学习者的理解，也可以习得中文相关表达。

2. 本教材既适合韩国学习者自学提高写作水平，也适合作为中级作文教学教材。

3. 本教材的编写体现了对外汉语教学最新的教学理论与方法，融合了语段形式法、交际法、自由写作法、任务法、过程法等，在写的过程中也加强了听、说、读的要素。

4. 本教材尽量展现了汉语完整的语法体系，对词汇的说明也特别针对了韩国学习者易混淆的词汇。

5. 本教材既注重汉语写作能力的基础知识，同时书中安排了很多hsk考试中的写作形式的练习，对备战hsk写作考试也有所帮助。

1. 본 교재는 이중언어 형식을 채택했는데, 중국어와 한국어를 동시에 제공하여, 한국어 학습자의 이해를 도우려 했고, 중국어 표현도 습득할 수도 있도록 했습니다.

2. 본 교재는 한국인 학습자가 독학으로 작문실력을 높이기에 적합하도록 했고, 초·중급 작문 교육교재로도 적당합니다.

3. 본 교재의 편찬은 국제중국어교육의 최신 교육이론과 교수법을 적용했고, 단락문형 중심 접근법, 의사소통 중심의 교수법, 프리라이팅, 과업 중심 교수법, 과정 중심 교수법 등을 융합하였으며, 쓰기의 과정 중에서도 듣기, 말하기, 읽기의 요소를 강화하였습니다.

4. 본 교재는 되도록 중국어의 완전한 문법체계를 반영했고, 어휘의 설명에 있어서 한국어학습자가 쉽게 혼동할 수 있는 어휘를 대상으로 삼았습니다.

5. 본 교재는 중국어작문능력의 기초지식을 중시하고 있고, 동시에 많은 HSK작문 시험형식의 연습을 제공하고 있어 HSK작문시험을 준비하는 데에도 도움이 될 것입니다.

목 차

前言 汉语写作的基本知识
서문 중국어작문의 기본지식

一. 汉语的基本词类 중국어의 기본 품사

一般来说，根据词的语法功能和意义，汉语的基本词类可分为：名词、代词、数词、量词、动词、形容词、副词、助词、介词、连词、叹词、拟声词等。

일반적으로, 중국어의 기본 품사는 단어의 어법기능과 의미에 근거해서, 명사, 대사, 수사, 양사, 동사, 형용사, 부사, 조사, 전치사, 접속사, 감탄사, 의성사 등으로 나눌 수 있습니다.

汉语的词类比较灵活，多有交叉。

중국어는 품사가 고정적이지 않고, 여러 가지 품사로 쓰이는 겸류 단어가 많습니다.

二. 汉语的句子成分 중국어의 문장성분

句子的组成部分，包括主语、谓语、宾语、定语、状语、补语六种。

문장의 구성부분은 주어, 술어, 목적어, 관형어, 부사어, 보어, 6가지입니다.

主语：主语是句子中的陈述对象，说明是谁或什么。

주어：주어는 문장 중에서 진술의 대상이며, 누구 혹은 무엇인지를 설명합니다.

- 他来学校了。　그가 학교에 왔다.
- 花开了。　꽃이 피었다.

谓语：用来说明或陈述主语。

술어：주어를 서술하고 설명하는 데에 쓰입니다.

- 我们的梦想实现了。　우리의 꿈이 실현되었다.
- 小张很老实。　장씨는 매우 성실하다[고지식하다].

宾语：谓语中如果有宾语，一般表示动作支配或关涉的对象。

목적어：술어 동사의 동작이 지배하는 대상이나 언급하는 대상을 표시합니다.

- 他非常爱你。　그는 너를 매우 사랑한다.
- 我听懂他的话了。　나는 그의 말을 알아들었다.

　句子中，被修饰限定的成分叫中心语，起修饰限制作用的成分叫附加成分，附加成分有定语和状语两种。

　문장 중에서, 수식을 받아 한정되는 성분은 중심어라고 부르고, 수식 및 제한 작용을 하는 성분을 부가성분이라고 부릅니다. 부가성분에는 관형어와 부사어, 2가지가 있습니다.

定语：是名词性中心语前面的附加成分，一般出现在主语或宾语中心词前。

관형어：명사성 중심어 앞의 부가성분으로, 일반적으로 주어 혹은 목적어 중심어 앞에 출현합니다.

- 他写了一篇文章。　그는 글 한 편을 썼다.
- 今天的作业很多。　오늘의 숙제는 많다.

状语：是动词、形容词等谓词性中心语前面的附加成分，起修饰和限制作用的语言单位。

부사어：동사, 형용사 등 술어성 중심어 앞의 부가성분으로, 수식과 제한의 역할을 하는 언어단위입니다.

- 他现在在北京学习。　그는 현재 베이징에서 공부한다.
- 我们已经看到他了。　우리는 이미 그를 봤다[만났다].

补语：动词或形容词等谓词性中心语后面的连带成分，对谓语起补充说明作用。

보어：동사 혹은 형용사 등의 술어성 중심어 뒤에 이어지는 성분으로, 술어에 대해 보충설명하는 역할을 합니다.

- 他一会儿就睡着了。　그는 금방 바로 잠이 들었다.
- 我们每年暑假都飞回去看父母。
  우리는 매년 여름방학에 비행기를 타고 돌아가 부모님을 뵙는다[만난다].

三. 汉语的基本语序 중국어의 기본 어순

一般学者认为汉语的基本语序为“主语＋谓语＋宾语”。

일반적으로 학자들은 중국어의 기본 문형은 'S(주어)＋V(술어)＋O(목적어)'라고 말합니다.

我 + 吃 + 苹果　　'대상'을 목적어로 취하는 타동사

(주어) (동사) (목적어)

나는 사과를 먹는다.

我 + 去 + 学校　　'왕래'를 나타내는 타동사

(주어) (동사) (장소)

나는 학교에 간다.

我 + 是 + 学生　　'是'는 판단동사

(주어) (동사) (동등어)

나는 학생이다.

四. 汉语句式 중국어 구문

汉语的单句分为主谓句和非主谓句，其中主谓句有四种，分别是：名词谓语句、形容词谓语句、主谓谓语句、动词谓语句。

중국어의 단문은 주술문과 비주술문으로 나누어지고, 그 중, 주술문에는 4가지가 있는데, 각각 명사술어문, 동사술어문, 형용사술어문, 주술술어문입니다.

1 명사 술어문 : 주어 + 명사(나이, 가격, 국적, 요일, 시간 등)

今天 + 星期天。　오늘은 일요일이다.

她 + 十岁 + 了。　그녀는 열 살이 되었다.

2 형용사 술어 구문 : 주어 + 정도부사 + 형용사

她 + 很 + 漂亮。   그녀는 매우 아름답다.

3 주술술어문

主谓短语担任谓语的句子。这是汉语中比较有特色的句型。其结构为：
주술구가 술어가 되는 문장입니다. 이것은 중국어에서 비교적 독특한 문형으로서,
그 구조는 다음과 같습니다.

> 大主语(主题) + 【小主语 + 谓语结构】
> 대주어(주제) + 【소주어 + 술어 】

她 + 【眼睛 + 很大】。
그녀는 눈이 크다.

4 동사술어문 : 주어 + 동사구

这是汉语中最常见的句类，常见的动词谓语句有"是"字句、"有"字句等。
이것은 중국어에서 가장 흔히 보이는 문장유형입니다. 자주 쓰이는 동사술어문에는
'是'자문, '有'자문이 있습니다.

(1) "是"자문 是字句

由判断动词"是"做谓语构成的句子，主要表示判断或说明事物等，基本结构为：

'是' 자문 : 판단동사 '是'가 술어가 되어 이루어지는 문장으로 주로 판단을 하거나 사물을 설명하는 것을 표시합니다. 그 기본 구조는 아래와 같습니다.

> 주어 + 是 + (관형어) + 목적어

眼睛 + 是 + 心灵的窗户。
눈은 마음의 창이다.

(2) 소유를 나타난 '有'자구

> 주어 + 有 + (관형어) + 목적어

她 + 有 + 男朋友了。
그녀는 애인이 생겼다.

五. 特殊句式 특수구문

1 存现句 존현문

表示什么地方存在、出现或消失了什么人或什么事物的句子。基本结构为：
어떤 곳에 사람이나 사물이 존재, 출현하거나, 어떤 사람 혹은 어떤 사물이 사라졌음을 표시하는 문장. 그 구조는 다음과 같습니다.

> 处所词(或事物) + 存现动词 + 人/事物
> 장소(사물) + 존현 동사 (有) + 사람/사물

桌子上 + 有 + 一本书

책상 위에 책 한 권이 있다.

> 장소 + 是 + 사람/사물

图书馆前面 + 是 + 教学楼

도서관 앞은 강의동이다.

> 장소 + 동사 + 着 + 사람/사물

桌子上 + 放 + 着 + 一本书

탁자 위에는 책이 한 권 놓여 있다.

'放' 이외에 '摆(bǎi ; 놓다)', '铺(pū ; 깔다)' '坐(zuò ; 앉다)' 등의 동사가 이에 속합니다.

动词"在"也可以表示存现, 其基本结构为 :

동사 '在'도 존재를 표시할 수 있는데, 그 구조는 다음과 같습니다.

> 主语(人或事物) + 在 + 处所词语
> 주어(사물/사람) + 在 + 장소

词典 + 在 + 书架上。

사전은 책꽂이에 있다.

2 双宾语句 이중목적어 구문

> 主语 + 动词 + 间接宾语 + 直接宾语
> 주어 + 동사 + 간접목적어 + 직접목적어

我 + 给 + 了 + 她 + 一本书。
나는 그녀에게 책 한 권을 주었다.

3 连动句 연동문

连动句是由连动短语充当谓语的句子，即由两个或两个以上谓词性词语
连用共同叙述、描述、说明同一个主语。

두 개 혹은 두 개 이상의 술어성 단어가 연이어 사용되어, 공동으로 동일한 주어를
서술, 묘사, 설명합니다.

> 주어 + 동사구1 + 동사구2

我 + 去医院 + 看病。
나는 병원에 가서 진료를 받는다.

4 兼语句 겸어문

兼语句的谓语由动宾短语套接主谓短语构成，动宾短语的宾语兼作主谓
短语的主语。多带有使令的意思。

겸어문 : 두 개의 동사 중에서, 앞의 동사의 목적어는 뒷 동사의 주어가 됩니다. 흔히
사역의 의미를 갖습니다.

> 주어1 + 동사1 + 목적어 (주어2) + 동사2 + (기타성분)

老师 + 叫 + 你 + 去 + 系办公室。

선생님은 당신에게 과사무실에 가라고 한다.

5 把(bǎ)자문

> 주어(주체) + 把 + 목적어(대상) + 동사 + 기타성분

我 + 把 + 苹果 + 吃 + 了

나는 (그) 사과를 먹어 버렸다.

6 被(bèi)자문

> 주어(대상) + 被 + 목적어(주체) + 동사 + 기타성분

苹果 + 被 + 我 + 吃 + 了

사과는 나한테 먹혔다.

六. 汉语的标点符号 중국어 문장부호

1 标点符号的分类 문장부호의 분류

标点符号分为标号与点号两大类。标号包括：书名号、括号、引号、破折号、省略号。点号包括：句号、问号、叹号、冒号、分号、逗号、顿号。

　　중국에서는 표점부호를 크게 표호와 점호로 나눕니다. 표호는 책 이름표, 괄호, 따옴표, 줄표, 말줄임표로 나뉘고, 점호는 마침표, 물음표, 느낌표, 콜론, 세미콜론, 쉼표, 모점으로 나뉩니다.

２ 标点符号的用法 문장부호의 용법

逗号 ，表示一句话中间的停顿。占一格。点在格子左下方。
쉼표(comma) : 문장 내에서 쉼을 표시합니다. 칸의 좌하쪽에 표시합니다.

- 我爱妈妈，妈妈也爱我。　나는 엄마를 사랑하고 엄마도 나를 사랑한다.

句号 。　表示陈述语气的语句完结后的停顿，占一格。点在格子左下方。
마침표(period) : 서술문의 끝에서 문장의 마침을 나타냅니다. 칸의 좌하쪽에 표시합니다.

- 他是中文系的学生。　그는 중문과 학생이다.

顿号 、　表示句子中并列词语之间较小的停顿。
모점(caesura sign) : 문장 중에서 병렬한 단어들 간에 비교적 작은 쉼을 표시합니다.

- 我星期一、星期二、星期三、星期四都有课。
  나는 월요일, 화요일, 수요일, 목요일에 모두 수업이 있다.

问号 ？　表示疑问语气或反问语气的语句完结后的停顿。占一格，点在格的左方。

의문부호(question marks) : 의문어기 혹은 반문어기를 표시하는 문장의 마침을 표시합니다. 한 칸의 좌측에 표시합니다.

- 你叫什么名字？(疑问)
  너는 이름이 뭐니? (의문)
- 这不是伟大的奇观吗？(反问)
  이것은 위대하고 희한한 광경이 아닌가? (반어문)

感叹号 ！表示强烈感情的语句完结后的停顿。占一格，点在格的左方。
느낌표(exclamation mark) : 강렬한 감정을 표시하는 문장의 마침을 표시합니다. 한 칸의 좌측에 표시합니다.

- 啊，我爱我的祖国！
  아, 나는 나의 조국을 사랑해!

冒号 ：主要用于句子中表示提示、总结之后的停顿。占一格。点在格的左下方。
콜론(colon) : 문장 중에서 제시, 종합결론을 표시한 후의 마침을 표시합니다. 한 칸의 좌하측에 표시합니다.

- 老师说："周三下午3点放学。"
  선생님이 말했다. "수요일 오후 3시에 수업을 끝낸다."
- 商店里什么都有：服装、文具、食品……
  상점 안에 뭐든지 다 있다. 옷, 문구, 식품……
- 叔叔：(书信开头的称呼)
  삼촌 : (편지 시작부분의 호칭)

引号""''就形式而言，分为双引号和单引号两种。一般情况下，单独使用引号时用双引号，而在引用的话中还需要用引号时，外面用双引号，里面用单引号。

따옴표(quotation marks): 형식상으로 큰 따옴표와 작은 따옴표 두 가지로 나누어집니다. 일반적인 상황에서 단독으로 따옴표를 쓸 때, 큰 따옴표를 쓰고, 인용하는 말 속에서 또 따옴표가 필요하면, 바깥쪽은 큰 따옴표를 쓰고, 안쪽에서는 작은 따옴표를 씁니다.

表示文中的引用部分，分别标在引用文字的前后，各占一格，分别点在格的右上角和左上角。

문장 중에 인용부분은 각각 인용글의 전후에 표기하고 각각 한 칸을 차지합니다. 각 칸의 우상측과 좌상측에 표시합니다.

- 小白兔说："我最喜欢吃胡萝卜。"
  작은 흰토끼가 말했다. "나는 당근을 먹는 것을 가장 좋아해."

省略号 …… 表示文中省略的部分或意思没有说完的部分。占两格。每三个点占一格，点在格的中央。

말줄임표(ellipsis): 문장 중에서 생략한 부분 혹은 의미를 아직 다 말하지 않은 부분을 표시하는데, 두 칸을 차지합니다. 3개의 점이 각각 한 칸을 차지하고, 칸의 중앙에 위치합니다.

- 哎！你这个人真是……
  아이! 자네, 이 사람 정말로……

열거되는 단어나 문장의 생략을 나타냅니다.

- 他的爱好有游泳、听歌、看书……

그의 취미는 수영, 음악 감상, 독서 등등이다.

书名号 《 》表示书籍、文章、报刊、歌曲、电影等的名称。分别标在引用文字的前后, 各占一格。

책 이름표(Carrot brackets) : 서적, 문장, 신문·잡지, 노래, 영화 등의 이름을 표시합니다. 각각, 인용문자의 앞뒤에 표기되고, 한 칸을 차지합니다. 책, 글, 영화 제목 등 저작물의 명칭을 씁니다.

- 今天我学习了《孔乙己》这篇课文。

  오늘 나는 《콩이지》 본문을 공부했다.

分号 ; 表示分句与分句之间的停顿。占一格。点在格的左下方。

세미콜론(semi-colon) : 복문에서 병렬관계, 또는 대비되는 절을 구분할 때 사용합니다. 한칸을 차지하고, 한 칸의 좌하측에 찍습니다.

- 这种作风, 拿来律己, 则害了自己；拿来教人, 则害了别人。

  이러한 수법은 자신을 규율하는 데에 사용하면 자신을 해쳤고, 남을 가르치는 데에 쓰면 남을 해쳤다.

破折号 ─ ─ 解释说明, 意思的递进或转折, 声音的中断或延续等。占两格, 点在格的中央。

줄표(dash) : 의미의 점진이나, 전환을 해석·설명을 하는데, 소리가 중단되거나 연속됩니다. 두 칸을 차지하고, 칸의 중앙에 긋습니다.

- 我永远忘不了那一天─ ─2000年10月1日。

  나는 영원히 그 날을 잊을 수가 없다. ─2000년 10월 1일

七. 作文书写格式 작문의 쓰기 형식

1 标题 제목

　　题目写在第一行中间，两边空格要均匀，如果两边空格是单数，要遵守左少右多的原则。

　　如需加副标题，在题目底下标一个破折号，把副标题写在破折号后面。

　　제목은 제1항의 중앙에 쓰고 양쪽의 빈 칸은 균일해야 하고, 만약에 양쪽의 빈 칸이 홀수이면, 왼쪽이 적고, 오른쪽이 많은 원칙을 준수해야 합니다. 만약에 부제목을 첨가해야 한다면, 제목 아래에 줄표를 하나 긋고, 부표제를 줄표 뒤에 씁니다.

2 正文 본문

　　每个自然段开头要空两格。正文每个字占一格，字形也不能太大，也不宜太小。标点也要占一格。不同的标点在格子中的位置也不同。

　　모든 단락의 시작은 두 칸을 비어야 합니다. 본문은 매 글자가 한 칸을 차지하고 글자형도 너무 커도 안되고 너무 작아도 적절하지 않습니다. 문장부호도 한 칸을 차지해야 하고, 각 문장부호는 칸 안에서의 위치도 서로 다릅니다.

3 주의사항

　　现代汉语的标点符号有明确的书写要求，应该规范书写，注意标点符号的书写位置。

　　현대 중국어의 문장부호는 명확한 규칙이 있어서, 그 규칙에 맞게 써야 하고, 쓰는 위치에 주의해야 합니다.

(1) 句号、问号、叹号、逗号、顿号、分号和冒号占一个字的位置，不能出现在一行之首，最后一格有字时，可放在最后一格的外面。

마침표, 물음표, 느낌표, 쉼표, 모점, 세미콜론, 콜론은 한 글자의 위치를 차지하고 한 행의 맨 앞부분에 출현할 수 없습니다. 마지막의 한 칸에 글자가 있을 때에는 마지막 한 칸의 바깥에 표시할 수 있습니다.

(2) 引号、括号、书名号的前一半不在一行之末，后一半不在一行之首。

따옴표, 괄호, 책이름표의 앞 부분은 한 행의 맨 끝에 놓일 수 없고, 뒷 부분은 한 행의 맨 앞에 놓일 수 없습니다.

(3) 破折号和省略号都占两个字的位置，中间不能断开，连接号和间隔号一般占一个字的位置。

줄표와 말줄임표는 모두 두 칸의 위치를 차지하고, 중간이 끊어지면 안되며, 하이픈(hyphen)과 가운뎃점은 일반적으로 한 칸의 위치를 차지합니다.

(4) 着重号、专名号标在字的下边。

방점과 고유명사부호는 글자의 아래에 표시합니다.

4 文章结构层次序数中标点符号的用法 문장구조 층위 서수 안의 표점부호의 용법

"首先、其次、再次；第一　第二　第三；一是，二是，三是"可以不用标点符号，直接连接下文；"甲、乙、丙、丁；在一方面、另一方面"之后，可以分别用逗号，也可以不用标点符号，直接连接下文。

'먼저(首先), 그 다음(其次), 재차(再次); 첫 번째(第一), 두 번째(第二), 세 번째(第三); 일은(一是), 이는(二是), 삼은(三是)'은 문장부호를 사용하지 않을 수 있고, 직접 다음 문장에 이어집니다. '갑(甲), 을(乙), 병(丙), 정(丁); 한편으로는(一方面), 다른 한편으로는(另一方面)'의 뒤에는 각각 쉼표를 사용할 수 있고, 문장부호를 사용하지 않고, 직접 다음 문장에 이어질 수도 있습니다.

下图是在稿纸上写作文的示例：

						我	的	世	界										
								—	—	记	我	的	房	间					
		上	大	学	以	后	，	因	为	离	家	太	远	，	所	以	妈	妈	为
我	在	学	校	附	近	租	了	一	间	房	，	从	那	里	到	学	校	只	需
要	十	分	钟	。															
		我	的	房	间	不	太	大	，	只	要	一	打	开	门	就	可	以	看
到	房	间	的	全	部	了	。	房	间	里	有	床	、	桌	子	、	椅	子	、
衣	柜	…	…	朋	友	都	说	我	的	房	间	"	麻	雀	虽	小	，	五	脏
俱	全	"	。																

10 × 20

第一课 自我介绍
제1과 자기소개

一. 主题 : 如何简单地向别人介绍自己 ?

주제 : 어떻게 다른 사람에게 자신을 간단히 소개하는가?

二. 本课要点 이 과의 포인트

---

1. 学会简单地自我介绍。

   간단한 자기소개를 할 수 있습니다.

2. 掌握动词谓语句、名词谓语句、形容词谓语句、主谓谓语句的基本句型和用法。

   동사술어문, 명사술어문, 형용사술어문, 주술술어문의 기본문형과 용법을 마스터합니다.

3. 了解汉语的六种句子成分。

   중국어의 6가지 문장성분을 이해합니다.

4. 应用动词"是"做谓语的句子。

   동사 '是'가 술어가 되는 문장을 응용합니다.

5. 介词"为"和副词"有(一)点儿"的用法。

   전치사 '为'와 술어 '有(一)点儿'의 용법.

三. 导入 : 想一想，说一说 도입 : 생각해 보고, 말해 보시오

① 新学期的第一天，你会怎么向大家介绍自己呢？

   신학기의 첫 날에, 당신은 어떻게 자신을 소개하겠습니까?

② 认识一个新朋友，你最想了解他的哪一个方面呢？

   새로운 친구를 만날 때에, 당신은 그의 어떤 점을 가장 알고 싶습니까?

四. 范文讨论与学习 본문 토론과 학습

热情幽默的我

我叫李夏天，今年21岁，我的生日是7月29日。因为我出生在夏天，所以父母为我取名"夏天"，我很喜欢这个名字。我的家乡在韩国釜山。现在我是韩国大学中文系三年级的学生，我很喜欢学汉语。

狮子座的我很热情，也很幽默，还很有爱心。当然，我也有缺点，我脾气有点急躁。作为一个女孩子，我最喜欢的是逛街。我很期待这个学期与大家一起学习。

五. 生词 새 단어

□ 热情	[rèqíng]	[형용사] 열정적이다. 친절하다. 마음이 따뜻하다. 정이 두텁다.
□ 幽默	[yōumò]	[형용사] 유머있다
□ 叫	[jiào]	[동사] 부르다. 불러 오다. 호출하다. 외치다. 고함치다. 소리지르다. 소리치다. 부르짖다.
□ 夏天	[xiàtiān]	[명사] 여름.
□ 取名	[qǔmíng]	[동사] 이름을 짓다.
□ 生日	[shēngrì]	[명사] 생일.
□ 为	[wèi]	[전치사] …에게 (…을 해 주다). …을 위하여 (…을 하다).
□ 家乡	[jiāxiāng]	[명사] 고향.
□ 釜山	[fǔshān]	[명사] 부산.
□ 专业	[zhuānyè]	[명사] [교육] 전공.
□ 狮子座	[shīzizuò]	[명사] [천문] 사자자리.
□ 名字	[míngzi]	[명사] 성과 이름. 성명.
□ 爱心	[àixīn]	[명사] (인간이나 환경에 대한) 관심과 사랑. 사랑하는 마음.
□ 缺点	[quēdiǎn]	[명사] 결점. 단점. 부족한 점. ↔ [优点(yōudiǎn)]
□ 脾气	[píqi]	[명사] 성격. 성질. 성미. 기질.
□ 有点	[yǒudiǎn]	[부사] 조금. 약간. 주로 불만을 나타내는 데 쓰인다.
□ 急躁	[jízào]	[형용사] 성급하다. 조급하다.
□ 逛街	[guàngjiē]	[동사] 길거리를 한가로이 거닐며 구경하다.
□ 期待	[qīdài]	[동사] 기대하다. 기다리다. 고대하다. 바라다.

六. 课堂练习 본문 연습

1 根据课文回答问题 본문에 근거하여 문제에 답하십시오

① 他(她)叫什么名字？

② 他(她)的名字由来是？

③ 他(她)今年多大了？

④ 他(她)的专业是什么？

⑤ 李夏天是女的还是男的？

⑥ 他(她)的优点是什么？缺点是什么？

⑦ 他(她)的爱好是什么？

2 选择合适的词填空 적당한 단어를 선택하여 빈 칸을 채우십시오

> 叫　是　出生　喜欢　取名

我＿＿＿李夏天，今年＿＿＿21岁，我的生日＿＿＿7月29日。因为我＿＿＿
在夏天，所以我的父母为我＿＿＿"夏天"，我很＿＿＿这个名字。

3 和其他人互相进行自我介绍 다른 사람과 서로 자기 소개를 하십시오

七. 语法要点 어법 포인트

1 主要句子成分 주요 문장 성분

(1) 汉语的基本句子成分是: 主语、谓语、宾语、定语、状语、补语。
중국어의 기본 문장성분은, 주어, 술어, 목적어, 관형어, 부사어, 보어입니다.

> 主语 주어 / 谓语 술어

- 他‖来了。 그는 왔다.

(2) 主语是陈述、说明、描写的对象, 谓语是对主语的陈述、说明和描写。
중국어 문장의 주어는 서술, 설명, 묘사의 대상이며, 술어는 주어에 대하여 서술,
설명 및 묘사를 합니다.

- 我‖是老师。 나는 선생님이다.
- 他‖很聪明。 그는 똑똑하다.

(3) 汉语句子的谓语主要由动词(短语)、形容词(短语)、名词(短语)、主谓短语
来充任谓语。
중국어 문장의 술어는 주로 동사(구), 형용사(구), 명사(구), 주술구가 됩니다.

① 动词(词组)充当谓语。 동사(구)가 술어가 됩니다.

- 我‖叫王美丽。 나는 왕미려라고 불린다.

- 他‖是我的好朋友。　그는 나의 좋은 친구이다.
- 我‖很喜欢学汉语。　나는 중국어 공부하는 것을 좋아한다.

动词谓语句造句 동사술어문을 사용하여 작문하시오

---

② 形容词(词组)充当谓语。　형용사(구)가 술어가 됩니다.

- 她‖很漂亮。　그녀는 예쁘다.
- 看到礼物, 孩子‖高兴极了。

  선물을 보고 나서, 아이는 대단히 기뻐했다.
- 今天‖热, 昨天‖凉快。　오늘은 덥고, 어제는 시원했다.

用形容词谓语句造句 형용사술어문을 사용하여 작문하시오.

---

③ 名词(词组)充当谓语。　명사(구)가 술어가 됩니다.

- 我‖二十九岁。　나는 29세이다.
- 今天‖星期三。　오늘은 수요일이다.
- 那本杂志‖十二块。　그 잡지는 12위안이다.

造句 : 名词谓语句 명사술어문을 사용하여 작문하시오.

---

④ 主谓短语充当谓语。 주술구가 술어가 됩니다.

- 我‖头疼。 나는 머리가 아프다.
- 大象‖鼻子长。 코끼리는 코가 길다.
- 老王‖工作不错。 왕씨는 직업이 괜찮다.

造句: 主谓短语充当谓语的句子 주술구가 술어가 되는 문장을 작문하시오.

1-1. 找一找 찾아보세요

汉语句子的谓语主要由动词(短语)、形容词(短语)、名词(短语)、主谓短语来充任谓语。请判断范文中的主谓句的类别。

중국어 문장에서 ,주로 동사(구), 형용사(구), 명사(구), 주술구가 술어가 됩니다. 본문 중의 주술문의 유형을 찾아내세요.

(4) 宾语表示动作或行为涉及的事物或对象，放在谓语后面。
목적어는 동작이 관련되는 사물을 표시하고 술어 뒤에 놓습니다.

- 我们学习<u>汉语</u>。 우리는 중국어를 공부한다.

(5) 定语是一种修饰语，主要用来修饰名词性成分，一般放在被修饰成分前面。
관형어는 일종의 수식어이고, 주로 명사성성분을 수식하는 데 사용되고, 일반적으로 피수식성분의 앞에 위치합니다.

- 这是<u>张明的</u>书包。　이것은 장명의 책가방이다.
- 我有<u>一个上小学的</u>妹妹。 나는 초등학교에 다니는 여동생 한 명이 있다.

2 动词"是"做谓语的句子 동사 "是"가 술어가 되는 문장

(1) 动词"是"表肯定判断, 基本形式为:
　　동사 '是'는 긍정적인 판단을 표시하고 기본형식은 다음과 같습니다.

> A　是　(관형어)　B

- 我是中国人。　나는 중국인이다.
- 他的生日是2月18号。　그의 생일은 2월 18일이다.

否定形式为 : 부정형식은 다음과 같습니다.

> A　不是　(관형어)　B

- 我不是中国人。　나는 중국인이 아니다.
- 他的生日不是2月18号。　그의 생일은 2월 18일이 아니다.

"是"后面不能用"了、着、过"等助词和各种补语。
'是' 뒤에는 '了, 着, 过' 등 조사와 각종 보어를 사용할 수 없습니다.

- 1995年, 我是了小学生。（×）

(2) 另外, "是……的"还可以表示肯定和强调, 强调的内容位于"是"字之后。

그 밖에 '是……的'는 긍정과 강조를 표시할 수 있는데 강조하는 내용은 '是'자의 뒤에 위치합니다.

- 我的朋友是<u>昨天来</u>的。 　내 친구는 어제 왔다.
- 我是<u>1993年出生</u>的。 　나는 1993년에 태어났다.

1-2. 翻译下面的句子 한국어로 번역하시오

① 他们都是德国人。

② 我是昨天来的。

③ 我最喜欢的专业不是汉语。

1-3. 完成句子 다음 단어를 어순에 맞게 배열하시오

① 我的　是　他　朋友

② 丈夫　慢性子　她　是　个

③ 我　学医　的　女儿　是

④ 你们　一起　的　吗　去　是

八. 词汇要点 어휘 포인트

1 为 : —을 위하여

(1) 表示服务的对象。

행위의 대상을 나타냅니다.

- 你们为孩子们做了些什么？

  너희들은 아이들을 위해서 무엇을 했습니까?

(2) 表示原因或目的。

원인 혹은 목적을 표시합니다.

- 他总是为钱发愁。(原因)　그는 항상 돈 때문에 걱정을 한다.
- 为我们的友谊干杯。(目的)　우리들의 우정을 위해 건배!

(3) 在表示目的的时候，可以用"为了"替换。但"为了"常用于句首。

목적을 나타낼 때에, '为了'를 사용해도 됩니다. '为了'구는 주로 문두에 위치합니다.

- 为了祖国，他献出了自己的生命。

  조국을 위하여, 그는 자신의 생명을 희생했다.

1-4. 选择填空(为 / 为了) 선택하여 빈칸을 채우시오(为 / 为了)

① 妈妈 _____ 女儿担心。

② ＿＿＿＿＿＿ 学习汉语，他去中国留学了。

2 有点 조금 약간

有(一)点(儿) 조금, 좀, 약간

副词性词语，修饰动词或形容词，表示较低的程度，多表示不满意。

부사성 단어로서, 동사 혹은 형용사를 수식하고 비교적 낮은 정도를 표시합니다. 의미상 불만의 어감도 나타납니다.

- 今天有(一)点儿冷，你多穿一点(儿)衣服吧。

  오늘 조금 추우니, 옷을 두껍게 입어.

- 我有点累，今天不去学校了。

  나는 조금 피곤해서 오늘 학교에 안 가기로 했어.

注 意

一点儿 : 조금, 약간

是数量短语，表示数量少而不确定。用在形容词后作补语。动词后做宾语。用在名词前起修饰限定的作用，有时可以省略"一"。

수량구로서, 수량이 적거나 불확정적이라는 것을 나타납니다. 형용사 뒤에서 쓰여서 보어가 됩니다. 동사 뒤에서 목적어가 됩니다. 명사 앞에 쓰여서 수식하고 제한하는 하는데, 때로는 '一'를 생략할 수 있습니다.

- 我买了(一)点儿水果，你吃(一)点儿吧。

  내가 과일을 조금 샀어, 네가 조금 먹어봐.

> 1-5. 选择填空(有点 / 一点) 선택하여 빈칸을 채우시오(有点 / 一点)

① 这件衣服 ＿＿＿ 贵, 便宜 ＿＿＿ 吧。

3 女 女子 女儿 女性 女孩 女的

女：是非谓形容词, 一般不能单独使用, 可以和其他词组成名词, 或排列对比使用

비술어형용사로서, 일반적으로 단독으로 사용할 수 없습니다. 다른 단어와 명사를 구성하거나 대비를 나열할 때 사용합니다.

> 女生 女人 女记者 女老师 女议员 男女有别

女子：也是非谓形容词, 同样不能单独使用, 常和其他字词组成新词(组)

역시 비술어형용사로서, 마찬가지로 단독으로 사용할 수 없고 대개 다른 글자와 새로운 단어나 구를 구성합니다.

> 女子单打 女子团体 女子马拉松 痴心女子

女孩：名词, 可以单独使用, 对应"男孩"

명사로서, 단독으로 사용할 수 있고 '男孩'의 상대 개념입니다.

> 一个女孩 女孩喜欢化妆

女性：名词，可以单独使用，可以在句中担任主语或宾语，也可以和其他词组成词组。

명사로서, 단독으로 사용할 수 있고, 문장 중에서 주어나 목적어가 되며 다른 단어와 결합하여 구를 이룰 수도 있습니다.

- 她是一个活力四射、知识渊博的女性。

  그녀는 유난히 활기차고 비범한 지식을 갖춘 여성이다.

女的：非谓形容词"女"加"的"，做名词用，可以单独使用，对应"男的"

비술어형용사 '女'에 '的'를 붙인 것으로서, 명사로 사용하고 단독으로 사용할 수 있으며 '男的'의 상대 개념입니다.

- 一个男的竟然被女的给打了。

  남자가 놀랍게도 여자한테 맞았네(남자가 어떻게 여자한테 맞을 수 있지?)

女儿：名词，可以单独使用，可以在句中担任主语或宾语，也可以和其他词组成词组。对应"儿子"

명사로서 단독으로 사용할 수 있고, 문장 중에서 주어 혹은 목적어가 될 수 있고, 또 다른 단어와 구를 구성할 수도 있다. '儿子'의 상대 개념입니다.

- 哥哥有两个女儿三个儿子。

  오빠는 딸 둘과 아들 셋이 있다.

1-6. 判断下列句子正确与否 다음 문장의 정확성 여부를 판단하시오

① 小王是女。　　　　　　　（　　）

② 小王是女子。　　　　（　　）

③ 小王是女性。　　　　（　　）

④ 小王是女孩。　　　　（　　）

⑤ 小王是女的。　　　　（　　）

4 补充词汇 관련된 단어를 찾아 쓰시오

有关性格的词：성격과 관련된 단어

热情、开朗、活泼、急躁、急性子、慢性子、沉稳、内向……

补充 _____

有关星座的词：별자리와 관련된 단어

狮子座、射手座、巨蟹座、水瓶座、处女座、双鱼座……

补充 _____

九. 写作要点：记叙文和主语的省略 작문포인트：서술문과 주어의 생략

1 记叙文 서술문

　记叙文是最常见的一种文体样式。所谓记叙文，就是以叙述为主要表达方式，以写人物的经历和事物发展变化为主要内容的一种文体。

서술문은 가장 흔한 문체 양식입니다. 소위 서술문은 서술을 주요 표현방식으로 하여 인물의 경력과 사물의 발전 변화를 쓰는 것을 주요한 내용으로 삼는 문체의 일종입니다.

记叙文有六要素 时间、地点、人物、事件的起因、经过、结果。在阅读时, 把握好这几个要素, 就可以更好地理解一篇文章, 概括出文章或段落大意;在写作时, 也要注意这六个要素, 要把这些要素交代清楚, 这样才会使读者对事情有一个全面的了解。一般可以按照事情发展的先后次序写, 先写事情的起因, 再写经过, 最后写结果。

서술문에는 6가지 요소가 있는데, 시간, 장소, 인물, 사건의 발생원인, 경과, 결과입니다.

읽을 때 이 몇 가지 요소를 파악하면, 한 편의 글을 더욱 잘 이해할 수 있고, 글 혹은 문단의 대강의 뜻을 더욱 잘 개괄할 수 있습니다. 작문을 할 때에, 이 6가지 요소에 유의를 하고, 잘 전달해야만, 독자가 전면적인 파악을 할 수 있습니다. 일반적으로 사건이 발전하는 선후 순서에 따라 쓰는데, 먼저 사건의 발생원인을 쓰고, 그 다음 경과를 쓰며, 마지막에 결과를 씁니다.

1. 侧重写人的记叙文, 以人物的外貌、语言、动作、心理描写为主。
   사람에 대한 서술·묘사에 치중하는 서술문은, 인물의 외모, 언어, 동작, 심리묘사를 위주로 합니다.
2. 侧重记事的记叙文, 以叙述事情的发生、发展、经过和结果为重点。
   사건에 대한 서술·묘사에 치중하는 서술문은, 사건의 발생, 발전, 경과와 결과를 중점으로 삼습니다.

2 主语的省略 주어의 생략

汉语句法强调精练, 因此, 在一定的语境里, 在不至于误解的情况下,表达时往往会省略一些不言自明的成分，这就是省略。

중국어 문법은 정제됨을 강조하기 때문에 일정한 문맥하에, 오해를 일으키지 않는 상황하에서는, 종종 자명한 성분들을 생략하기도 하는데, 이것이 바로 생략입니다.

主语省略在现代汉语中主要表现为承前省略主语和蒙后省略主语两种情况。

현대중국어 중에서 주어생략에는 복문 중에서 뒤에 단문 주어의 생략과, 앞에 단문 주어의 생략이 있습니다.

(1) 所谓承前省略主语，即前后分句的主语相同，因为前面分句用了主语，后面分句就可以承前省略主语。如：

복문에서 전후 단문의 주어가 같을 때에, 앞 단문에서 주어가 이미 나온 경우 뒷 단문에서는 주어를 생략할 수 있습니다. 예를 들면,

- 我是韩国留学生，(我)今年二十一岁。

  나는 한국 유학생인데, 올해 21살이다.

(2) 所谓蒙后省略主语，即前后分句的主语相同，因为后面分句用了主语，前面分句就可以蒙后省略主语。如：

복문에서 전후 단문의 주어가 같을 때에, 뒤에 단문에서 주어가 나온 경우, 앞 단문의 주어를 생략할 수 있습니다. 예를 들면,

- (我)见到他，我很高兴。　　그를 만나게 되어 나는 기쁘다.

上句有两个分句，它们的主语都是"我"，因为后面分句用了主语，前面分句的主语就蒙后省略了，且也不影响句子的表达。

위의 두 개의 단문의 주어는 모두 '我'인데, 뒤쪽의 단문에 주어가 출현하는 경우 앞쪽의 단문의 주어를 생략해도 문장의 표현에 영향을 주지 않습니다.

主语省略一般说来，要求前后分句的主语一致。前后分句的主语不一致，一般不能省略，如果要省略，就一定要以不使人感到费解，即不言自明为原则。如：

주어의 생략은 일반적으로, 전후 단문의 주어가 일치할 것을 요구합니다. 앞뒤의 단문의 주어가 일치하지 않으면, 일반적으로 생략할 수 없고, 만약에 생략을 하려고 하면, 듣는 사람이 쉽게 이해할 수 있어야 하는 것이 자명한 원리입니다. 예를 들면,

- ( )帮我把这件事做好，我请你吃饭。

  이 일을 잘 마무리할 수 있게 도와주면, 내가 밥을 살게.
- 我开始做作业了，( )不太容易。

  나는 숙제를 시작했는데, (숙제는) 쉽지 않았다.

虽然它们前后分句的主语不同，但它们的省略不会让人费解，也不影响句子的表达，因而是正确的。

비록 앞뒤 단문의 주어가 다르다고 하더라도, 생략 후에 듣는 사람이 쉽게 알아들을 수 있다면, 문장의 표현에는 영향을 주지 않기 때문에 맞는 것입니다.

연습하기

下面一段话中，哪些主语可以省略？

다음 글에서, 생략할 수 있는 주어는 어느 것입니까?

李丽是我的朋友，李丽是个性格开朗、活泼可爱的女孩子。她今年二十二岁，她是北京人，她在韩国学习音乐。她乐于助人，她知道有个同学家里有事，他没来上课，她把自己的笔记带给他。她明年就要毕业了，她毕业后打算回中国，她要在北京工作。

十. 句型练习　문형 연습

1 介绍自己的名字　자신의 이름을 소개하기

我叫王丽。
我的名字是王力。
我姓张叫张小二。

---

2 介绍自己名字的由来或含义　자신의 이름의 유래나 함의를 소개하기

我叫王丽聪，妈妈希望我既美丽又聪明。
我的名字是张三力，因为我在家排行第三。
我出生在北京，父母为我取名张京生。

---

3 介绍自己的年龄　자신의 나이를 소개하기

我今年21岁了。
我是1997年出生的。
我出生于1997年12月1号。

---

4 介绍自己的学校和专业 자신의 학교와 전공을 소개하기

我是韩国大学医学院的学生。
我是英文系三年级的学生。
他是哈佛大学经济管理系毕业的。

---

5 介绍自己的优缺点 자신의 장단점을 소개하기

我做事很认真，可是有点儿慢。
我喜欢学习新东西，不过总是很快就放弃。
我最大的毛病是马马虎虎。

---

6 介绍自己的爱好 자신의 취미를 소개하기

我的爱好是钓鱼。
我喜欢看电影。
我是个球迷。

十一. 思考与写作练习 생각하고 작문하기

1 自我介绍一般先要介绍本人的名字和身份等基本情况。比如姓名、年龄、职业、性格等，也可以谈自己的兴趣和爱好，理想与未来等。

자기 소개에서는 일반적으로 본인의 이름과 신분 등 기본 상황을 먼저 소개해야 합니다. 예를 들어, 이름, 나이, 직업, 성격 등이고, 자신의 흥미와 취미, 이상 및 미래 등도 이야기할 수 있습니다.

2 自我介绍的内容可以根据不同场合做出增减，如果是为了参加某项兴趣小组，那么可以多谈谈自己相关方面的经历。

자기 소개의 내용은 서로 다른 상황에 근거해서 첨삭을 할 수 있는데, 만약에 어떤 동아리에 참가한다면, 자신의 관련 경력을 많이 이야기할 수 있습니다.

3 自我介绍的时候，根据实际情况书写，同时尽量突出自己的特色。

자기 소개를 할 때, 실제 상황에 근거해서 쓰고, 동시에 되도록 자신의 특색이 두드러지도록 합니다.

作业 과제

写一篇自我介绍或介绍一个朋友，字数不限。

자기소개서나 다른 사람을 소개하는 글을 쓰세요. 글자 수는 제한이 없습니다.

第二课 我的爱好

제2과 나의 취미

一. 主题：学会如何简单说明自己的兴趣爱好

　　주제：어떻게 간단하게 자신의 흥미와 취미를 설명하는가를 배웁니다

二. 本课要点 이 과의 포인트

1. 学会简单说明兴趣爱好。흥미와 취미를 간단히 설명하는 것을 배웁니다.

2. 掌握动词谓语句的否定。동사술어문의 부정을 마스터합니다.

3. 了解汉语的句子成分 －－ 状语和补语。

　　중국어의 문장성분을 배웁니다―부사어와 보어.

4. 介词"对"和"跟"的用法。

　　전치사 '对'와 '跟'의 용법.

5. 句型：除了……以外……还(也)……；除了……以外……都……等。

　　문형：除了……以外……还(也)……；除了……以外……都…… 등.

6. 写作要点: 复句　작문 포인트: 복문

完成句子　문장완성문제

① 你的爱好多吗？　당신의 취미는 많은가요?

② 有没有值得向大家推荐的兴趣爱好？

다른 사람에게 추천할 만한 흥미나 취미가 있습니까?

四. 范文讨论与学习　본문 토론과 학습

我的爱好

　　我最喜欢的就是下象棋。

　　小学一年级，爸爸开始教我下韩国象棋。他先教我认棋子，那时，除了我的汉字名字以外，"车、马、象、炮"等就是我认识的汉字了。然后他再说明每个棋子的走法："马走日，卒不后退"什么的。最初的一年，跟爸爸下棋时我一次也没赢过。后来，我的棋艺有了很大的提高。终于有一天，我赢了爸爸，从那以后我更喜欢下棋了。现在我下象棋下得很好，成为一个"棋迷"，业余时间经常在网上和别的网友下棋。

　　我在中国留学的时候，也学会了中国象棋，可是下中国象棋下得不好。因为中国象棋除了"车和马"的走法一样以外，其他棋子的走法都有些不同。

除了下象棋以外，我还喜欢下围棋。不过我不太喜欢打篮球踢足球什么的。

下象棋既可以开发智力，又能打发时间，还能交到不少朋友。由于象棋，我既对汉字产生了兴趣，也对中国文化充满好奇。所以，上大学的时候我选择了中文系，毕业后也打算找一份跟汉语有关的工作。

五. 生词 새 단어

□ 爱好	[àihào]	1. [동사] 애호하다. …하기를 즐기다.
		2. [명사] 취미. 애호.
□ 喜欢	[xǐhuan]	[동사] 좋아하다. 호감을 가지다. 흥미를 느끼다.
		마음에 들다. 애호하다.
□ 象棋	[xiàngqí]	[명사] 중국 장기
□ 棋子	[qízǐ]	[명사] 바둑돌. 장기짝.
□ 马走日	[mǎzǒurì]	말은 날일자로 움직인다.
□ 卒不后退	[zú bú hòutuì]	졸은 후퇴하지 않는다.
□ 赢	[yíng]	[동사] 이기다. 승리하다.
□ 棋艺	[qíyì]	[명사] 장기·바둑을 두는 솜씨[기술].
□ 提高	[tígāo]	[동사] (위치·수준·질·수량 등을) 제고하다. 향상
		시키다. 높이다. 끌어올리다.
□ 迷	[mí]	[명사] 팬(fan). 애호가. 광(狂). 마니아(mania).
□ 业余	[yèyú]	[명사] 업무 외. 여가.
□ 围棋	[wéiqí]	[명사] 바둑.
□ 运动	[yùndòng]	[명사] 운동. 스포츠.
□ 开发	[kāifā]	[동사] (재능 등을) 개발하다.
□ 智力	[zhìlì]	[명사] 지력. 지능.

□ 打发	[dǎfa]	[동사] 시간[날]을 보내다[허비하다].
□ 时间	[shíjiān]	시간
□ 产生	[chǎnshēng]	[동사] 생기다. 발생하다. 나타나다. 출현하다.
□ 兴趣	[xìngqù]	[명사] 흥미. 흥취. 취미.
□ 充满	[chōngmǎn]	[동사] 충만하다. 넘치다. 가득 차다.
□ 好奇	[hàoqí]	1. [형용사] 호기심을 갖다. 궁금하게[이상하게] 생각하다.
□ 选择	[xuǎnzé]	[동사] 고르다. 선택하다.
□ 打算	[dǎsuan]	[동사] …할 생각이다[작정이다]. …하려고 하다.

六. 课堂练习 본문 연습

1 根据课文，回答下列问题 본문에 근거해서 다음 질문에 대답하시오

① 他最喜欢的是什么？

② 谁教他下象棋的？

③ 他第一次认识的汉字有哪些？

④ 开始下象棋时，他赢了还是爸爸赢了？

⑤ 除了下象棋以外，他还喜欢什么？

⑥ 他不喜欢什么？

⑦ 他为什么选择中文系？

⑧ 他认为下象棋有什么好处？

2 根据课文选择填空 본문에 근거해서 적당한 단어를 골라 빈 칸을 채우시오

①
| 棋迷 业余 下 围棋 还 |

现在我下象棋＿＿＿得很好，成为一个"＿＿＿＿＿＿"，＿＿＿＿时间经常在网上和别的网友下棋。除了下象棋以外，我＿＿＿喜欢下＿＿＿＿。

②
| 智力 时间 朋友 |

下象棋既可以开发＿＿＿，又能打发＿＿＿，还能交到不少＿＿＿。

3 和周围的人谈一谈各自的兴趣爱好
주변 사람과 각자의 흥미와 취미를 이야기해 보세요

七. 语法要点 어법 포인트

1 句子成分 －－ 状语和补语 문장성분－부사어와 보어

(1) 状语：用来修饰动词和形容词的成分，如"努力学习"和"很高兴"中的"努力、很"等，状语一般位于中心语之前。
부사어：동사와 형용사를 수식하는데, 예를 들면, '努力学习', '很高兴' 등 중에서 '努力、很', 일반적으로 중심어 앞에 위치합니다.

• 我常常打篮球。 나는 자주 농구를 한다.

- 小学一年级，爸爸教我下象棋。

  초등학교 1학년 때, 아버지는 나에게 장기를 가르쳐 주셨다.

- 我不太喜欢运动。　나는 운동을 그다지 좋아하지 않는다.

⑵ 补语：位于谓语中心语动词或形容词后补充说明的成分, 如"喝醉了""高兴极了", 作为谓语的附加成分, 一般位于中心语之后。汉语的补语有七种, 分别是结果补语、可能补语、趋向补语、情态补语、程度补语、数量补语、介词短语补语等。

보어：술어 동사 혹은 형용사 뒤에서 보충설명하는 성분으로, 예를 들어, '喝醉了', '高兴极了' 중에서 술어의 부가성분으로 일반적으로 중심어 뒤에 위치합니다. 모두 7가지로, 결과보어, 가능보어, 방향보어, 양태보어, 정도보어, 수량보어, 전치사구 보어 등입니다.

- 我游泳游得很好。　나는 수영을 잘한다.
- 这个故事我听懂了。　나는 이 이야기를 알아듣는다.
- 他终于买到了那本小说。　그는 마침내 그 소설책을 샀다.

情态补语：对动作和状态进行的状态的补充说明。

양태보어：동사/형용사의 뒤에서 상태가 진행된 상태를 보충설명합니다.

> 동사/형용사 + 구조조사 '得' + 양태보어

- 他说得很流利。　그의 중국어가 유창하다.

如果情态补语的句子中, 带有名词性的宾语, 那么动词需要重夏两次, 分别带宾语和带补语, 要么是把宾语提前。

양태보어가 있는 문장에 명사 목적어가 있을 경우 동사를 중복하여 목적어 뒤에 한 번 더 쓰거나 목적어를 동사 앞에 놓을 수 있습니다.

그는 중국어를 아주 유창하게 한다.
⇨ 他说汉语说得非常流利。
⇨ 他汉语说得很流利。
⇨ 汉语他说得特别流利。

情态补语的否定形式为 : 양태보어의 부정형식은 다음과 같습니다.

> 동사/형용사 + 구조조사 '得' + 不 + 보어성분

• 他说得不流利。
  그는 말하는 게 유창하지 않다.

2-1. 연습하기

① 模仿上面的例子, 用几种不同的形式造句。
  위의 예문을 모방해서, 몇 가지의 다른 구문을 사용해서 문장을 만드시오.

  내 남자친구는 노래를 잘합니다.

_____

_____

_____

例:他说汉语说得很流利。

他说汉语说得不流利。

他说汉语说得怎么样？

他说汉语说得流利吗？

他说汉语说得流利不流利？

他汉语说得流利不流利？

② 模仿上面的例子，用几种不同的形式造句。

위의 예문을 모방해서, 몇 가지의 다른 구문을 사용해서 문장을 만드시오.

그는 수영을 빨리 합니다.

그는 수영을 빨리하지 못합니다.

그는 수영을 빨리 합니까?

---

2 动词谓语句的否定"不" 동사술어문의 부정 '不'

1. "不"放在动词或形容词前面，表示否定，一般表示对主观愿望和性质
   状态的否定，多用于现在、将来，有时候也可以用于过去。

   '不'는 동사 혹은 형용사 앞에 놓이고, 부정을 표시하며, 일반적으로 주관적 소망과 성질 상태에 대한 부정을 표시하는데, 현재 및 장래에 많이 쓰이고, 어떤 때에는 과거에 쓰일 수 있습니다.

- 我现在不去, 一会儿再去。 나는 지금 안 가고, 조금 있다가 갈 것이다.
- 他不是我的老师, 是我的朋友。
  그는 나의 선생님이 아니고, 나의 친구다.
- 他不吸烟, 也不喝酒。 그는 흡연하지 않고, 술도 마시지 않는다.

2. 在可能补语中, 副词"不"的位置如下 :
   가능보어에서 부사 '不'의 위치는 다음과 같습니다.

- 听得懂 —— 听不懂 알아들을 수 있다. —— 알아들을 수 없다.
- 看得清楚 —— 看不清楚 잘 보인다. —— 잘 안 보인다.

3. 情态补语的否定, 副词"不"的位置如下 :
   양태보어의 부정 부사 '不'의 위치는 다음과 같습니다

- 唱得好 —— 唱得不好 노래를 잘한다. —— 노래를 못한다.
- 写得对 —— 写得不对 맞게 쓰다. —— 틀리게 쓰다.

4. 否定结果补语时, 一般用副词"没(有)", 表假设的时候可以使用"不"。
   결과보어를 부정할 때에, 일반적으로 부사 '没(有)'를 사용해서 가설을 표시할 때에는 '不'를 사용할 수 있습니다.

- 不学好汉语我不回韩国。
  중국어를 잘하지 못하면 나는 한국에 돌아가지 않을 것이다.
- 他没做完作业。 그는 숙제를 다 하지 못했다.

5. 否定介词短语时，放在介词前后都可以，要看具体情况。

개사구를 부정할 때에 부정부사를 개사 앞이나 뒤에 놓을 수 있는데, 구체적 상황을 결정합니다.

- 我对围棋不感兴趣。　나는 바둑에 흥미가 없다.
- 我不比她高。　나는 그녀보다 (키가) 크지 않다.

2-2. 연습하기

请选择合适的"不"的位置。적당한 '不'의 위치를 선택하세요.

① 我 A 喜欢 B 打 C 篮球。
② 他们 都 A 是 B 学 C 中文的。
③ 我 A 一点 B 也 C 想 D 吃水果。
④ 他 A 唱 B 得 C 好 D。
⑤ 我 A 听 B 懂 C 老师 D 的话。

八. 词汇要点 어휘 포인트

1 对 / 跟

用韩语解释的时候都有"에게"的意思。区别在于

한국어로 모두 '~에게'의 의미를 갖습니다. 차이는 다음과 같습니다.

"对"做介词的时候，多引出动作的对象。

'对'가 전치사로 쓰일 때에, 동작의 대상을 이끕니다.

- 老师对学生说了这件事。　선생님은 학생에게 이 일에 대해서 말을 했다.
- 他对人很热情。　그는 타인에게 열정적이다.
- 我对古典音乐很感兴趣。　나는 고전음악에 흥미가 있다.

介词"跟"可以表示两方共同参与的动作行为的句子中，前者表主导，后者是动作行为的参与、牵涉或动作对象。

전치사 '跟'은 양자가 공동으로 참여하는 동작행위를 표시하는 문장 중에서, 전자는 주도자임을 표시하고 후자는 동작행위의 참여, 관여, 혹은 동작의 대상입니다.

- 这件事跟你有关系吗？　이 일이 너와 무슨 관계가 있습니까?
- 那个小朋友棋艺很好，很多人愿意跟他下棋。
  그 어린친구는 장기(바둑) 기술이 좋아서, 많은 사람들이 그와 (장기, 바둑을) 두고 싶어 한다.

"跟"除了表示共同参与的以外，也可以用于只由一方就可完成的动作，引进参与者或共事者，或动作的对象。

'跟'은 공동으로 참여하는 행동을 뜻하는 것 이외에도 일방에 의해서만 완성될 수 있는 동작에 쓰일 수 있는데, 참여자 또는 공동행위자, 혹은 동작의 대상을 이끕니다.

- 我跟你们说过去留学的事情。(可以和"对"互换)
  나는 너희에게 유학 갔던 일에 대해서 말을 했다. (对와 호환이 가능하다)
- 他们几个人一直跟我学汉语。(不可以和"对"互换)
  그들 몇 명은 줄곧 나에게서 중국어 공부를 한다. (对와 호환이 가능하지 않다)

① 我 ＿＿＿ 他怀有好感。　나는 그에게 호감을 갖고 있다.

② 我早就 ＿＿＿ 他绝交了。　그와 절교한 지 오래다.

2 除了……

(1) 除了A……就是 B……

并列关系，表示A和B 仅有的两种情况。

　　• 这里除了老人就是孩子。　여기에는, 노인을 제외하면 아이만 있다.

(2) 除了……以外，……还(也)/都……

　　• 除了他说的以外，其他人说的都不可信。

　　그가 말하는 것 이외에는, 다른 사람이 말하는 것은 모두 못 믿겠다.

　　• 除了他说的以外，其他人说的也可信。

　　그가 말하는 것 이외에도 다른 사람이 말하는 것도 믿을 만하다.

　　需要分清用"还 / 也"和"都"两种句型的不同。"除了……以外，……还/也……"表示包括前者，并且补充其他的，即前者与后者是一致的。"除了……以外，……都……"表示排除特殊的前者，其他的都一致。

　　'还/也' '都'의 다른 점을 구분해서 사용해야 합니다. '除了…以外, …还/也…'는 전자를 포함해서 아울러 다른 것을 보충함을 표시하는데, 즉 전자와 후자가 일치함을 나타냅니다. '除了…以外, …都…'는 특수한 전자를 배제시키고, 다른 것들은 모두 일치함을 표시합니다.

- 除了会说英语以外，我还会说韩语。

  영어를 할 수 있는 것 이외에, 한국어도 말할 수 있다.
- 除了会说英语以外，其他外语我都不会。

  영어를 할 수 있는 것 이외에, 나는 다른 외국어는 다 못한다.

2-4. 把下面的句子翻译成汉语 다음의 문장을 중국어로 번역하시오

① 그는 축구 이외에도 농구 배구 탁구 모두 할 수 있다.

_____

② 우리는 수영 이외는 그리 자주 운동을 하지 않는다.

_____

③ 그는 매일 집에만 있다. 밥을 먹는 이외에는 잠만 잔다.

_____

九. 写作要点 : 夏句 작문 포인트 : 복문

1 夏句 복문

夏句是包含两个或两个以上分句的句子。它有如下特征：

복문은 두 개 혹은 두 개 이상의 단문의 문장을 포함합니다. 이는 아래와 같은 특징을 가지고 있습니다.

第一，一个夏句是一个句子。它和单句一样，有一个句终语调，在书面上用句号、问号或叹号表示。

첫째, 하나의 복문은 하나의 문장입니다. 복문은 단문과 같이, 문말 어조가 있는데, 서면어에서는 마침표, 물음표 혹은 느낌표를 써서 표시합니다.

第二，每个夏句，都包含两个或两个以上分句，这些分句或是主谓句，或是非主谓句。

둘째, 각 복문에서는 모두 두 개 혹은 두 개 이상의 단문을 포함하는데, 이러한 단문들은 주술문이거나 비주술문입니다.

第三，夏句里的各个分句是相对独立的，同时又是相互依存的，分句之间往往用特定的关联词语联结起来。

셋째, 복문 속의 각 단문은 상대적으로 독립적이고, 동시에 상호의존적인데, 단문 사이에는 종종 특정한 접속사를 사용해서 연결합니다.

常见的关联词有：자주 쓰는 접속사는 아래와 같다.

汉语夏句类型表
중국어 복문 유형표

汉语 夏句 중국어 복문	联合夏句 연합관계 복문	并列夏句 병렬관계복문	如：他会汉语，又会英语。 一边…… 一边…… / 又…… 又…… / 既…… 又……
		承接夏句 승계관계복문	如：小张一时没听懂，接着明白过来了。 ……，于是…… / (首先……，) 然后…… / ……，就……
		递进夏句 점진관계복문	如：这件衣服不但好看，而且很便宜。 不但【不仅】…… 而且[并且]…… / 或是…… 或是……
		选择夏句	如：或者你去，或者他去，都可以。

		선택관계복문	要么…… 要么…… / 不是…… 就是……
	偏正夏句 수식관계 복문	因果夏句 인과관계복문	如：因为天气不好，所以我们没出去。 因为…… 所以…… / 由于…… 所以…… / 因而……
		条件夏句 조건관계복문	如：只要大家有信心，我们就能克服困难。 只要…… 就…… / 只有…… 才……
		转折夏句 전환관계복문	如：虽然他很累，但还是按时来上课。 虽然…… 但是(可是)……
		假设夏句 가설관계복문	如：如果检查结果不好，就可以断定身体出了毛病。 如果……，就…… / 要是……，就…… / 倘若【假设】…… 就……
		让步夏句 양보관계 복문	如：即使明天天气不好，我们也要爬山。 即使……，也…… / 无【不】论…… 也【都】…… / 不管…… 也【都】……
		目的夏句 목적관계복문	如：为了提高身体素质，你们应经常锻炼。 为了【为】……
		取舍夏句 취사관계 복문	如：与其哭着忍受，不如笑着享受。 与其…… 不如…… / 宁可…… 也不……
	多重夏句 다중복문		如：不管鸟的翅膀多么完美，/如果不凭借空气// 鸟就永远不能飞到高空。
	紧缩夏句 긴축복문		如："谁来就给谁"。 (의문대사)……，(종속문과 같은 의문대사)…….

2-5. 排序练习 순서배열 연습

1. A 每个人都有自己的答案

   B 甚至有人说成功就是一种感觉，没什么标准

   C 成功的标准到底是什么

2. A 首先你要学会尊重他人

   B 如果你希望获得别人的尊重

   C 这就是人们说的互相尊重

3. A 有时候整理相册很麻烦

   B 因为在整理的过程中，会让我回忆起过去很多美好的事情

   C 但是我还是觉得它能带来很多惊喜

4. A 或者提供超过人体需要的热量

   B 这样的食品就叫垃圾食品

   C 有些食品仅仅提供一些热量，没有多少营养

5. A 跟别人对话的时候

   B 这样会让人觉得你没有礼貌

   C 不要不停地看手机

6. A 学会接受别人的批评

   B 然后才会变得更优秀

   C 才能发现自己的缺点

7. A 并不是总能受到别人的欢迎

   B 总之，我们也要学会拒绝

   C 对他人的要求都无条件答应的人

8. A 这是我新买的手机

   B 而且功能很多

C 它的特点是通话质量很好

② HSK 书写部分的完成句子题型　HSK 쓰기 부분의 문장완성형 문제 푸는 방법

目标为组成一句合乎汉语语法和表达习惯的句子。
목표 : 중국어 어법과 언어습관에 부합하는 문장을 만듭니다.

完成句子解题要点 문제풀이 키포인트
1. 尽可能多地掌握汉语词汇的意义，也要了解词语的搭配关系，扩大自己
   的词汇量。
   되도록 많이 중국어 어휘의 의미, 특히 단어의 배합관계를 마스터하고, 자신의
   어휘량을 확대합니다.

2. 知道汉语主语、谓语、宾语、定语、状语、补语的特点和要求。
   중국어의 주어, 술어, 목적어, 관형어, 부사어, 보어의 특징과 사용조건을 이해합니다.

3. 了解汉语的基本语序。
   중국어의 어순을 파악합니다.

4. 了解常见的虚词的用法。
   자주 쓰이는 허사의 용법을 이해합니다.

5. 熟悉汉语中一些常见句式。如双宾语句，连动句、兼语句、比较句等等。
   중국어 중에서 자주 쓰이는 문형을 숙지합니다. 예를 들면, 이중목적어문, 연동
   문, 겸어문, 비교문 등이 있습니다.

6. 即便缺乏足够的语法知识，也可以通过大量阅读获取语感。

충분한 어법지식이 부족하더라도, 많은 양의 중국어 독해를 통해서 어감을 습득하면 문제를 푸는데 도움이 됩니다.

7. 在所给词语中，实词可以确定句子可能的意义，虚词可以确定句子的结构。

주어진 단어 중에서, 실사를 통해 문장의 의미를 추측할 수 있고, 허사를 통해 문장의 구조를 구성할 수 있습니다.

例：节日　是　春节　一个　传统的

① 出现"是"，一般的"是"字句的语序是：主语＋是＋宾语

'是'이 출현하면, 일반적인 '是'자문의 어순은 '주어＋是＋목적어'입니다.

② 一般来说，汉语的主语是已知的、确定的，所以数量短语一般不做主语，而常见的宾语的结构是：数词＋量词＋名词

일반적으로 말해서, 중국어의 주어는 이미 알고 있는, 확정적인 것이므로, 일반적으로 수량구는 주어가 아니며, 자주 쓰이는 목적어 구조는 아래와 같습니다.

수사＋양사＋명사

③ 再如结构助词"的"，一般连接定语和中心语，它的语序是：定语＋的＋名词（短语）

다음 구조조사 '的'는 일반적으로 관형어와 중심어를 연결시키고, 그 어순은 아래와 같습니다.

관형어＋的＋명사(구)

④ 所以我们可以确定句子的语序应该是：

그래서 우리는 문장의 어순이 아래와 같다고 확정할 수 있습니다.

春节是一个传统的节日。　춘절은 전통적인 명절입니다.

또, 예를 들면,

中国历史　他　对　兴趣　很　感

① 以上这些词可能出现的搭配是"感兴趣"，加上介词"对"，构成"对……感兴趣"。

이상의 단어들의 출현 가능한 배합은 '感兴趣'이고, 전치사 '对'를 더하면, '对……感兴趣'를 구성할 수 있습니다.

② 程度副词"很"，一般修饰形容词或心理动词，位于形容词或心理动词之前。

정도부사 '很'은 일반적으로 형용사나 심리동사를 수식하는데 형용사나 심리동사 앞에 놓입니다.

③ 最终确定句子为：

최종적으로 확정된 문장은 아래와 같습니다.

他对中国历史很感兴趣。

그는 중국역사에 대해 매우 흥미를 느끼고 있습니다.

또, 예를 들면,

汉语　不　流利　得　他　说

① 在上述几个词语中，出现了"说+汉语"、"汉语+流利"的搭配，其次可以看到结构助词"得"，说明可能会有补语结构。

제시된 단어들 중에서, '说＋汉语'와 '汉语＋流利'이 가능한 조합이고, '得'는 구조조사로 볼 수 있으므로, 보어구조가 출현할 수 있습니다.

② 再次还有否定副词"不"，那么"不"的位置会在哪里呢？

또 부정부사 '不'가 있는데, '不'의 위치는 어디일까요?

③ 如果补语结构是"说得流利"，那么该情态补语的否定形式为"说得不流利"。

'说得流利'는 양태보어구문인데, 그 부정형식은 '说得不流利'입니다.

④ 最后动词"说"只出现了一次，我们可以确定其语序应为宾语提前的句式。

마지막으로 동사 '说'는 한 개만 있어서, 그 어순은 목적어가 동사 앞에 놓인 구문이라고 확정할 수 있습니다.

⑤ 所以我们可以确定句子的语序应为：

그래서 문장의 어순을 아래와 같이 확정할 수 있습니다.

他汉语说得不流利。　그는 중국어를 유창하게 하지 못합니다.

2-6 练习：完成句子 연습：문장을 완성하시오

运动　喜欢　我　不

做　他　完　没　作业

跟　孩子　是　老师　的　来　一起

下雨　会　明天　不会

教　认　爸爸　我　汉字

十. 句型练习 문형 연습

1 介绍自己的爱好 자신의 취미 소개하기

我的爱好是看电影。

我爱跟朋友一起聊天儿。

除了喜欢看电影以外，我还喜欢听音乐。

周末的时候，我常常去踢足球。

我对购物很感兴趣。

---

2 介绍兴趣爱好的作用 취미의 효과 소개하기

踢足球对身体很好。

下棋可以开发智力。

读书使人心明眼亮。

看好电影可以拓宽眼界。

看电影的过程,就是一种经历不同人生的过程。

---

3 介绍兴趣爱好的熟练程度 취미의 능숙도 소개하기

我踢足球踢得很好。

我读书总是读得很快，不求甚解。

朋友的电子游戏比我玩得好多了。

在我看来，他是围棋天才。

---

4 使用因果关系的复句 인과관계의 복문 연습하기

因为对汉字感兴趣，所以我选择了中文系。

由于他坚持不懈，最终他获得了成功。

受父母的影响，我从小就喜欢做手工。

读书之所以是一种乐趣，并不在于作者告诉你什么，而是因为读书使你
积极思考。(독서가 즐거운 이유는 작가가 무언가 알려주기 때문에 즐거운 것이
아니라, 독자에게 적극적인 사고를 할 수 있도록 해주기 때문에 즐거운 것이다.)

十一. 思考与写作练习 생각하고 작문하기

1. 说明自己的兴趣爱好，通常需要说明爱好的由来，过程，表现等等。

   자신의 취미를 설명할 때, 일반적으로 그 취미가 생긴 이유와 과정, 그리고 구체
   적으로 그 취미생활을 어떻게 즐기는지를 서술해야 합니다.

2. 爱好比较多的情况下，应该有所取舍，哪些爱好需要重点叙述，哪些地
   方可以简单提过，突出某些爱好。

   때로는 취미가 비교적 많아서, 반드시 취사선택을 해야 하는데, 즉 어떤 취미는

중점적으로 서술하고, 어떤 부분은 간단히 언급하고, 어떤 취미는 강조해야 합니다.

3. 读完文章要给读者突出的印象。

독자가 글을 읽고 나서 깊은 인상을 받을 수 있도록 글을 써야 합니다.

作业 과제

写一篇关于自己的兴趣爱好的文章，字数不限。

자신의 흥미와 취미에 관한 글을 한편 쓰세요. 글자 수는 제한이 없습니다.

Memo

第三课 我的大学生活

제3과 나의 대학생활

一. 主题：学会如何简单说明自己的大学生活

　　주제：어떻게 간단하게 자신의 대학생활을 설명하는지를 배웁니다

二. 本课要点 이 과의 포인트

1. 学会简单说明大学(中学、小学)生活。

　 대학(초중고)생활을 간단하게 소개할 수 있습니다.

2. 学习比较句的几种句式。

　 비교문의 몇 가지 구문을 공부합니다.

3. 初步了解助词"了"的用法。

　 조사 '了'의 용법을 기본적으로 이해합니다.

4. 了解汉语离合词的结构和用法。

　 이합사의 구조와 용법을 이해합니다.

5. 区别"成为 / 当"和"通过 / 考上"几组词。

‘成为 / 当’과 ‘通过 / 考上’ 몇 개의 단어를 구분합니다.

6. 句型 : 虽然……但是…… ; 又……又…… ; 为了……。

    문형 : 虽然……但是…… ; 又……又…… ; 为了…….

7. 写作要点 : 了解句群。

    작문포인트 : 문장군 이해하기.

① 你的大学生活怎么样 ?

    당신의 대학생활은 어떻습니까?

② 你未来的目标是什么 ? 为此你打算怎么做 ?

    당신의 미래의 목표는 무엇입니까? 이를 위해 당신은 무엇을 할 계획입니까?

我的大学生活

光阴似箭, 不知不觉间, 我已经是一个大学三年级的学生了。不久之后, 充实又忙碌的大学生活就要结束了。

几年前我考上了韩国大学, 离开家来到首尔。刚进入大学时, 第一次开始独立生活, 摆脱了高中机械式的学习生活, 我开始尽情地玩儿, 参加各种社团活动，享受大学生的自由。那一年，我还遇到了我的初恋，她比我小一岁，聪明又可爱，我对她一见钟情。虽然一年级我学习不如高中努力，成绩也不怎么样，不过那仍然是我最幸福最快乐的一段时间。

二年级的时候，我休学入伍。在军队承受了跟以往不同的生活压力，更可怕的是，同时遭遇初恋女友"兵变"，最终分手了。这些打击来得太突然，我好像还没有做好准备，但又无可奈何，只能默默忍受。因为那些痛苦的经历，我一下子就比以前成熟多了。

夏学后，为了学汉语我去中国留学了一年。因为是第一次留学，出国之前我紧张极了，担心在中国的学习和生活，但是我见到的室友、同学都是好心人，多亏了他们，我才能尽快习惯留学生活。我经常跟中国朋友交流，所以汉语比以前进步多了，并且还了解到了中国的饮食、风俗、生活、文化、社会、思想等各方面。对我来说，那些都是很新鲜、很有意思的东西。在中国留学的时光，是我最美好而难忘的回忆。

我人生的目标现在有两个。一个是成为一个对社会有贡献的人。毕业后，我想当中文导游，为中国游客讲解韩国的人文美景和自然风光。另一个目标是拥有一个幸福的家庭，有两个可爱的孩子。　也许这些目标的实现并没有想象中的那么简单，但是我相信只要付出了努力，梦想一定会实现。所以，三年级的我，努力学习每一门课程，认真对待每一件事情。未来，从现在开始。

五. 生词 새 단어

□ 光阴似箭　[guāngyīnsìjiàn] [성어, 비유] 세월이 화살처럼 빠르게 지나가다. 세월이 유수와 같다.

□ 不知不觉	[bùzhībùjué]	[성어] 자기도 모르는 사이에. 부지불식간에.
□ 充实	[chōngshí]	[형용사] (주로 내용·인원·재력 등이) 충분하다. 풍부하다. 넘치다.
□ 忙碌	[mánglù]	[형용사] (정신 없이) 바쁘다. 눈코 뜰 새 없다.
□ 摆脱	[bǎituō]	[동사] (속박·규제·생활상의 어려움 등에서) 벗어나다. 빠져 나오다. 이탈하다. 떨쳐버리다.
□ 机械	[jīxiè]	[형용사] 기계적이다. 융통성이 없다. 판에 박은 듯하다. 고지식하다.
□ 尽情	[jìnqíng]	[부사] 하고 싶은 바를 다하여. 한껏[실컷·마음껏].
□ 社团	[shètuán]	[명사] 각종 군중 조직의 총칭. 결사 단체. 집단 모임. 서클. 동아리.
□ 享受	[xiǎngshòu]	[동사] 누리다. 향유하다. 즐기다.
□ 初恋	[chūliàn]	[명사] 첫사랑.
□ 一见钟情	[yíjiànzhōngqíng]	[성어] 첫눈에[한눈에] 반하다.
□ 成绩	[chéngjì]	[명사] (일·학업상의) 성적. 성과. 수확.
□ 休学	[xiūxué]	[동사] 휴학하다.
□ 入伍	[rùwǔ]	[동사] 입대하다.
□ 承受	[chéngshòu]	[동사] 받아들이다. 견뎌 내다. 감당하다. 감내하다. 이겨 내다.
□ 遭遇	[zāoyù]	[동사] 조우하다. (적 또는 불행·불리한 일을) 만나다. 부닥치다. 맞닥뜨리다. 당하다.
□ 兵变	[bīngbiàn]	[동사] 군대 내부의 반란. 군사 반란. 쿠데타.
□ 打击	[dǎjī]	[동사] 타격을 주다. 공격하다. 의욕이나 기를 꺾다. 손상시키다.
□ 突然	[tūrán]	[형용사] (상황이) 갑작스럽다. 난데없다. 느닷없다. 의외이다. 뜻밖이다
□ 无可奈何	[wúkěnàihé]	[성어] 어찌 해 볼 도리가 없다. 대책을 강구해 볼 도리가 없다. 방법이 없다.
□ 默默	[부사]	묵묵히. 말없이. 소리 없이.

☐ 忍受	[rěnshòu]	[동사] 이겨 내다. 참다.	
☐ 痛苦	[tòngkǔ]	[형용사] 고통스럽다. 괴롭다.	
☐ 成熟	[chéngshú]	[형용사] [비유] 완숙되다. 무르익다. 숙련되다.	
☐ 复学	[fùxué]	[동사] 복학하다.	
☐ 室友	[shìyǒu]	룸메이트.	
☐ 交流	[jiāoliú]	[동사] 서로 소통하다. 교류하다.	
☐ 风俗	[fēngsú]	[명사] 풍속	
☐ 新鲜	[xīnxiān]	신선하다. 싱싱하다.	
☐ 贡献	[gòngxiàn]	[동사] 공헌하다. 기여하다. 이바지하다.	
☐ 一定	[yídìng]	[부사] 반드시. 필히. 꼭.	

六. 课堂练习 본문 연습

1 根据课文回答问题 본문에 근거하여 질문에 대답하시오

① 他现在是几年级？

② 他是男生还是女生？

③ 他的大学一年级怎么样？

④ 二年级的时候，他做什么了？

⑤ 他的二年级生活怎么样？

⑥ 复学后，他去了哪里？为什么？

⑦ 他的留学生活怎么样？

⑧ 他未来的目标是什么？

⑨ 为了实现他的目标，他做了什么？

痛苦　成熟　突然　默默　无可奈何

这些打击来得太＿＿＿,我好像还没有做好准备，但又＿＿＿，只能＿＿＿
＿＿＿忍受。那些＿＿＿的经历，让我一下子就比以前＿＿＿多了。

3 根据课文的最后一段，用下列词完成一篇短文
본문의 마지막 문단에 근거해서, 다음 단어를 사용해서 글을 만들어 보시오

未来　实现　目标　梦想　一定

4 说说你在大学一年级、二年级、三年级都做了什么
대학 1학년, 2학년, 3학년 때에 무엇을 했는지를 서로 대화해보세요

七. 语法要点 어법 포인트

1 比较句 비교문

　　现代汉语中，比较事物、性状、程度的高低、同异、差别等的句子，就
是比较句。比较句中常用的句子是"比"字句，句型如下：

현대 중국어에서 사물, 성질·상태, 정도의 높낮이, 같음과 다름, 차이 등을 비교하는 문장이 비교문입니다. 비교문 중에서 자주 사용하는 문장은 '比'자문이고, 문형은 아래와 같습니다.

> A ＋ 比 ＋ B ＋ 动词/形容词 ＋ (其他成分)
> A ＋ 比 ＋ B ＋ 동사/형용사 ＋ (기타 성분)

- 这个房间比那个房间大。　이 방은 저 방보다 크다.
- 她比我小三岁。　그녀는 나보다 3살 어리다.

(1) 注意在比较句中, 形容词前或后不能加"很、非常、极了"等程度副词, 但形容词前可以加"还、更"等副词, 后面可以用"得多、一点、一些"等成分。
비교문 중에서 형용사 앞 뒤에 '很, 非常, 极了' 등의 정도부사를 붙일 수 없지만, 형용사 앞에는 '还, 更' 등의 부사를 붙일 수 있고, 뒤에는 '得多, 一点, 一些' 등의 보어 성분을 사용할 수 있습니다.

- 弟弟比我还高。　동생은 나보다 키가 더 크다.
- 我比以前更忙。　나는 예전보다 더 바쁘다.
- 这些汉字比那些汉字(还/更)难写(多了/一些/一点儿)。
  이 한자들이 저 한자들보다 쓰기가 어렵다.
- 这些汉字比那些汉字很[非常]难写。（×）
- 这些汉字比那些汉字难写极了。（×）

(2) 如果句中有"更, 还"等副词, 后面不能加数量补语。
만약에 문장 중에 '更, 还' 등의 부사가 있으면, 뒤에 수량보어를 붙일 수 없습니다.

- 我比他更高三厘米。（×）

(3) "比……"可以放在动词之前。例如：

'比……'는 동사 앞에 놓을 수 있습니다.

- 他做生意比我做得好。　그는 나보다 사업을 잘 한다.
- 他生意比我做得好。　그는 나보다 사업을 잘 한다.

也可以放在补语之前。　또, 동사 뒤에 보어 앞에 놓일 수도 있습니다.

- 他做生意做得比我好。

(4) 汉语的"比"字句并不是什么都可以比较的, 如果宾语是比较的对象的话, 那么句型应该有所变化。

중국어의 '比'자문은 무엇이든 다 비교할 수 있는 것이 아닌데, 만약에 목적어가 비교대상이라면, 다른 문형을 써야 합니다.

- 比起秋天, 我更喜欢春天。

가을과 비교할 때에, 나는 봄을 더 좋아한다.

- 和狗相比, 我更喜欢猫。

개와 비교할 때에, 나는 고양이를 더 좋아한다.

- 我喜欢春天比秋天。（×）

(5) 比较句的否定形式

否定的时候, 也可用否定词"不", 但多用"没有"的形式。否定词不能放在形容词前, 一般在"比"之前。

만약에 부정한다면, 부정사 '不'를 사용할 수도 있지만, '没有'의 형식을 많이 사용합니다. 부정사는 '比' 앞에 놓습니다. 형용사 앞에 놓을 수 없습니다.

- 我的汉语水平不比你的汉语水平高。

  내 중국어 수준은 당신의 중국어 수준보다 높지 않습니다.

- 这件衣服比那件衣服漂亮。

  이 옷은 그 옷보다 예쁩니다.

- 那件衣服没有这件衣服漂亮。

  그 옷은 이 옷만큼 예쁘지는 않습니다.

- 我的汉语水平比你的汉语水平不高。　（×）

还可以用下面的句型来表达：

아래의 문형으로 표현할 수도 있습니다.

> A　不如　B

- 爷爷的身体不如以前了。　할아버지의 몸은 예전만 못하다.

表示相同的话，可以用：

동등을 표시하려면, 다음과 같이 쓸 수 있습니다.

> A　跟/和　B　一样 + 其他成分
> A　跟/和　B　一样 + 기타성분

- 弟弟跟我一样高。　동생은 나와 키가 같다.

3-1. 找出括号中的词在句中合适的位置。

괄호 안의 단어가 들어갈 적당한 위치를 찾아내시오.

① A 他 B 我 C 了解 D 中国的情况。　　　(比)

② 我三年级 A 比 B 一年级 C 忙 D。　　　(更)

③ 我买的 A 书 B 比他买的 C 多 D。　　　(一些)

④ 老师 A 比 B 同学们 C 早来 D。　　　(五分钟)

⑤ 你汉语 A 说得 B 比 C 我 D 好。　　　(不)

▶ 亡羊补牢 **망양보뢰**

解释：亡：逃亡，丢失；牢：关牲口的圈。

羊丢了再去修补羊圈还不算晚。比喻出了问题以后想办法补救可以防止继续受损失。含褒义。

亡 — 도망가다, 잃다. 牢 — 가축을 가두어 두는 울타리. 한국어 속담 '소 잃고 외양간 고친다.'는 부정적 의미를 내포하므로, 의미가 다르다.

양을 잃어버린 후에 양 울타리를 수리하는 것은 늦었다고 볼 수 없다. 문제가 발생한 이후에 방법을 찾아 보완하면 계속 손실을 입는 것을 방지할 수 있다. 긍정적인 의미를 가진다.

例　：这一次考差了没关系，俗话说"亡羊补牢，未为晚也。"

이번 시험은 잘 보지 못해도 상관없다. 옛말에 '양을 잃고 울타리를 수리하더라도 늦었다고 볼 수 없다'고 했다.

▶ 朝三暮四 **조삼모사**

解释：早上三个晚上四个，原比喻使用诈术,进行欺骗。后比喻经常变卦，反复无常。

아침에 세 개, 저녁에 네 개. 원래는 속임수를 사용해서 사기를 치는 것을 비유했다. 나중에 자주 마음을 바꾼다는 것을 비유하게 되었다. 변덕스럽기가 그지없다. 한국어 속담 '조삼모사'는 '간사한 꾀로 남을 속여 희롱함을 표시함'을 표시하므로 유의해야 한다.

例　：在感情里，朝三暮四的人注定得不到真爱。

남녀 사이에서, 변덕스럽기가 그지 없는 사람은 숙명적으로 진정한 사랑을 얻지 못한다.

2. 使用比较句说明一下大学里一年级、二年级、三年级和四年级的女生有什么不同？

비교문을 사용해서 대학교 안에서 1·2·3·4학년의 여학생들의 변화에 대해 설명해 보시오.

2 助词"了"

　　"了"一般分成两种情况，一个是句尾的　"了"，我们称之为"语气助词"；另一个是动词后面的"了"，称之为"动态助词"。做语气助词使用时主要表示可以动作状态的实现，或者表示新情况的出现。做动态助词使用时，主要表示动作的完成。

　　'了'는 일반적으로 두 가지 상황으로 나눌 수 있는데, 하나는 문미의 '了'이고, '어기조사'라고 부릅니다. 다른 하나는 동사 뒤의 '了'이고 '동태조사'라고 부릅니다. 어기조사로 '了'는 상황의 변화, 혹은 새로운 상황의 출현을 나타냅니다. 동태조사로 '了'는 동작의 완성을 나타냅니다.

- 我二十岁了。　스무살이 되었다.
- 我看了那篇文章。　나는 그 글을 읽었다.
- 老师病了三天了。　선생님께서 병이 나신지 3일 되었다.

注 意

无论是动态助词还是语气助词"了"，都不是必然表示"过去"的。

동태조사 '了'이든지 어기조사 '了'이든지, 모두 반드시 '과거'를 표시하는 것은 아닙니다.

- 明天我看了电影再来找你。

　　내일 나는 영화를 본 후에 너를 찾아올게.

　　相对第二个动词"找"，第一个动作"看"完成之后才有第二个动作的发生，所以这里的"了"只表示事件发生的顺序，并不表示过去还是未来。

　두 번째 동사 '找'와 같이 보면, 첫 번째 동작 '看'이 완성된 뒤에야 두 번째 동작의 발생이 있게 되므로, 여기의 '了'는 사건이 발생한 순서를 표시할 뿐이고 과거나 미래를 뜻하지 않습니다.

　如果同时表示动作完成和实现，动态助词"了"和语气助词"了"可以同时出现。

　만약에 동작의 완성과 실현을 동시에 표시한다면, 동태조사 '了'와 어기조사 '了'는 동시에 출현할 수 있습니다.

- 我喝了三瓶啤酒了。　나는 이미 맥주 3병을 마셨다.

　除此之外，"了"还可以表示马上，即将发生的事情。

　'了'는 '곧'을 표시할 수 있는데, 즉 막 발생하려는 사건입니다. 예를 들면,

- 就要下雨了。　곧 비가 내릴 거야.
- 明年就要毕业了。　내년에 곧 졸업할 거야.

3-3. 连词成句 단어를 연결하여 문장을 만드시오

① 他 汉语 了 会 说

② 下 班 去 你家 我 了

③ 两本 了 他 买 书

④ 他 了 一 年 在 住 上 海

⑤ 打 算 放 假 中 国 去 我 了

八. 词汇要点 어휘 포인트

1 离合词的用法 이합사의 용법

本文出现了很多离合词"毕业、入学、入伍、分手、留学"等等。

본문에 많은 이합사, 예를 들어 '毕业, 入学, 入伍, 分手, 留学' 등이 출현했습니다.

所谓离合词, 就是指两个语素既可以结合在一起使用, 又可以在中间加入其它成分。

소위 이합사는 두 개의 형태소가 결합하여 함께 사용될 수도 있고 중간에 다른 성분이 들어갈 수도 있는 것입니다.

- 我们昨天下午见面了。 우리는 어제 오후 만났다.
- 我们昨天下午见了一面。 우리는 어제 오후 한 번 만났다.

这类词, 大部分都是动词, 而且后一个成分名词性语素居多, 动词语素已经有了一个支配对象, 因此一般不能带宾语。中间可以加上"了、着、过"等词。

이러한 단어는 대부분 모두 동사이고, 뒤쪽 성분은 명사성 형태소가 다수를 차지하므로, 동사 형태소는 이미 목적어를 가지고 있습니다. 그래서 일반적으로 다시 목적어를 취할 수 없습니다.

- 他毕业于北京大学。　그는 베이징대학을 졸업했다.
- 他从北京大学毕业了。　그는 베이징대학을 졸업했다.
- 他毕了业就去国外了。　그는 졸업을 하고 바로 해외로 갔다.
- 他毕业北京大学。（×）

3-4. 练习造句 작문하시오

① 谈话-

② 分手-

③ 留学-

2 "当"和"成为"的辨析 '당'과 '成为'의 구별과 분석

(1) 当，一般通过努力或其它，担任更好更高的职业、职务、职位等。

일반적으로 노력 혹은 다른 것을 통해서 더 좋고 더 높은 직업, 직무, 직위 등을 담당합니다.

- 当总统　대통령을하다[맡다].
- 当班长　반장을 하다[맡다].
- 当伴郎　신랑 들러리를 하다[맡다].

(2) 成为，指从一个身份变成另外一个身份，可以虚指，也可指职业身份的变动，还可以从好到不好的转变。

하나의 신분이 다른 하나의 신분으로 되는 것을 가리키고, 추상적인 신분을 가리킬 수 있고, 또 직업신분의 변동을 가리킬 수도 있으며, 또 좋은 것에서 좋지

않은 것으로의 변화일 수 있습니다.

- 成为老师 선생님이 되다.
- 成为有用的人 유용한 사람이 되다.
- 成为罪犯 범죄자가 되다.
- 成为小学生 초등학생이 되다.

"成为"强调变化结果，而"当"可指过程--担任某个职务或职业。

'成为'는 변화의 결과를 강조하나, '当'은 과정, 즉 어떤 직무나 직업을 담당함을 가리킬 수 있습니다.

- 他已经成为一名优秀的老师了。 그는 이미 우수한 선생님이 되었다.
- 他当老师当了十年了。 그는 선생님을 10년 동안 했다[맡았다].

另外，"成为"比"当上"更正式，"当上"一般用在口语中，"成为"虽然在口语中很常见，但多用于正式场合和书面语中。

그밖에, '成为'는 '当上'보다 더욱 공식적이고, '当上'은 일반적으로 구어체 속에서 쓰입니다. '成为'는 비록 구어체에서도 흔하지만, 일반적으로 비교적 공식적인 장소와 서면어에서 쓰입니다.

- 成为众矢之的 뭇사람의 비난의 대상이 되다.
- 成为话题。 이야깃거리가 되다.
- 立志成为外交官。 외교관이 되기를 뜻하다.
- 今后要成为一个优秀的人。 나중에 훌륭한 사람이 되어라.
- 当媒人。 중매를 서다.
- 当老师当得很累。 선생 하는 게 힘들다.
- 当外人。 남처럼 여기다.

- 他不但要当爸爸，还要当妈妈。

   그는 아빠 노릇뿐만 아니라 엄마 노릇도 해야 한다.
- 他当会计师当了10年。　그는 경리로 10년간 일을 했다.

3-5. 选择(当 / 成为) 선택하시오

① 我想_____班长。
② 我不想_____像父亲那样的人。

---

3 考上 / 通过

- 考上　시험에 합격하다.
- 通过考试　시험을 통과하다.

- 考上大学 / *考上HSK5级
- 通过考试 / *考上考试

- 考上公务员 / 通过公务员考试

"考上"指通过考试，进入一个新的阶段，比如大学、中学、入职等等，而"通过"单纯指考试合格了。

'考上'은 시험을 통해서 새로운 단계에 진입함을 가리키는데, 예를 들면, 대학, 중학, 입사 등입니다. '通过'는 단지 시험에 합격함을 가리킵니다.

① 我考上公务员考试了。

② 我通过了大学。

九. 写作要点：句群 작문포인트 : 문장군

1 句群 문장군

　句群也叫"句组"或"语段"，是指在结构上前后连贯、具有一个明晰中心意思的一组句子。

　'句群(문장군)'은 '句组' 혹은 '语段'이라고도 불립니다. 구조상으로 앞뒤가 연관되고, 명확한 중심 의미를 가지고 있는 문장의 조합을 가리킵니다.

　句群是由句子组合而成的，一个句群至少包括两个句子。每个句子都有其特定的语气和语调，书面上都用句号、问号或感叹号表示。这就和复句不同，复句的构成单位是分句。

　문장군은 문장 조합으로 형성된 것으로 하나의 문장군은 적어도 두 개의 문장을 포함합니다. 각 문장은 모두 특정한 어기와 어조를 가지고 있고, 서면상으로는 모두 마침표, 물음표 혹은 느낌표를 써서 표시합니다. 이것은 복문과는 다른데, 복문의 구성 단위는 단문입니다.

　　自然科学发展的历史中，有不少科学家认识了真理，并且坚持真理，结果被愚昧的统治者杀死、烧死，他们的学说、著作也被禁止、焚毁。但是，人可以处死，书可以被烧毁，而真理却是杀不死、烧不

毁的，它愈来愈发出灿烂的光辉。(关键词：真理)

　　每个句群都表达一个相对完整、明晰而又复杂的中心意思，句群中的所有句子采取一定的语法手段、围绕着这个中心意思组合起来表述。句群中的各个句子在意义上是前后连贯、互相照应的，句与句之间存在着严密的逻辑事理关系。

　　각 문장군은 모두 하나의 상대적으로 완전하고 명확하며 또 복잡한 중심 의미를 표현하고, 문장군 중의 모든 문장은 일정한 문법 수단을 채택하여, 이 중심 의미를 둘러싸고, 조합되어 서술을 합니다. 문장군 중의 각 문장은 의미적으로 전후가 연관되어 있고 서로 대응을 하여 문장과 문장 사이에는 엄밀한 논리 관계가 존재하고 있습니다.

　　邀请别人吃饭时应该注意什么？首先至少提前一天告诉对方，其次告诉对方明确的时间和地点，最后应该考虑对方的饮食习惯。这样不仅表现出对被邀请人的尊重，也方便自己做好安排。
　　主题：邀请别人
　　结果和过程哪个更重要？我认为都很重要。过程能给你丰富的经验，结果能给你深刻的影响。只要过程的话，永远都只活在一个问号中；只要结果的话，永远不会成长。这就好像你看体育比赛，你不仅会看输赢结果，还会享受比赛的精彩之处。
　　主题：过程和结果

3-7. 练习写一段话 다음 주제를 가지고 한 문장군의 글을 써보시오

　① 什么是朋友？

② 最难忘的一次旅行。

---

2 利用所给词语写一篇短文的写作过程。

　주어진 단어를 이용하여 한 편의 단문을 쓰는 방법.

1. 审视词语。

　단어를 자세히 살펴봅니다.

2. 根据关键词(一般为动词、形容词或名词), 迅速找出主题。

　키워드(일반적으로 동사, 형용사 혹은 명사임)에 근거해서, 주제를 빠르게 찾아
　냅니다.

3. 确定文章的体裁 : 记叙文、说明文、议论文等。

　문장의 장르를 선택합니다. 서술문, 설명문, 논설문 등.

4. 根据主题造句。

　주제에 근거하여 주어진 단어를 사용해서 문장을 만듭니다.

5. 围绕主题, 把各个句子串联起来, 注意逻辑顺序和关联词的使用。

　주제를 중심으로, 각 문장을 이어 나가되, 논리순서와 연결어의 사용에 유의합니다.

6. 修改 : 填补文章的基本要素, 使得内容连贯起来, 减少语法和词汇的错
　误, 注意标点符号的使用。

　수정 : 문장의 기본요소를 첨가해서, 내용이 연관성 있게 하고, 어법과 어휘의 잘
　못된 사용을 수정하며, 문장부호의 사용에도 유의합니다.

예를 들면, 제시된 단어는 다음과 같습니다.

礼物　送　难忘　经常　父母

① 审视五个词语，明确每个词的意义。

　　5개의 단어를 자세히 살펴보고, 매 단어의 의미를 확실히 이해합니다.

② 根据关键词"礼物"，确定主题为"难忘的礼物"

　　키워드 '礼物'에 근거해서, 주제를 '잊을 수 없는 선물'로 확정합니다.

③ 选择文章的体裁为"记叙文"。

　　문장의 장르를 '서술문'으로 선택합니다.

④ 造句 문장 만들기 : 父母经常送礼物。去年父母送了一件礼物。这件礼物让我很难忘。

⑤ 连接 연결 : 虽然父母经常送给我礼物，但是最难忘的还是去年他们给我的礼物。我二十岁的生日礼物就是他们给了我一张去北京的机票，这是我最难忘的礼物。

⑥ 修改 수정 : 我有一个幸福的家庭，父母经常送我一些礼物。虽然这些礼物都很珍贵，但对我来说，最难忘的还是去年父母送给我的二十岁生日礼物，他们给了我一张去北京的机票，让我和朋友一起去北京玩了几天，这让我非常开心。

3-8. 练习 : 使用所给词语写一篇80字左右的短文。
연습 : 주어진 단어를 사용해서 80자 전후의 단문을 써보시오.

留学　为了　提高　充实　回忆

十. 句型练习 문형 연습

1 强调句型"是~了" 문형 "是~了" 연습하기

我已经是一个大学三年级的学生了。

我已经是一个大人了。

我已经是个废人了。

我一直是个务实的人。

---

2 夏句"又……又" 문형 "又……又" 연습하기

她又聪明又可爱。

我的朋友又高又瘦。

北京的冬天又冷又干燥。

这种苹果又大又好吃。

---

3 介词"为了……" 문형 "为了……" 연습하기

夏学后, 为了学汉语我去中国留学了一年。

为了让父母高兴, 我去了那所大学。

为了更好的未来, 他跟女朋友分手了。

为了达到目的, 这个人什么手段都使得出来。

---

4 转折复句 문형 '虽然…但是…' 연습하기

虽然她很努力，但是成绩仍然不好。

虽然这次失败了，但是我没有灰心。

我虽然知道父母的期待，但并没有放在心上。

虽然梦想看起来很遥远，不过我还是不放弃。

---

5 副词"不再……" 문형 '不再……' 연습하기

我不再抽烟了。

他不再游手好闲了。

我已不再把他当作我的朋友了。

对我来说，大学生活不再无聊和空虚了。

---

6 未来的计划 장래의 계획을 말하기

毕业后，我想当一个导游。

他打算假期去欧洲旅行。

我计划结婚后就不再工作了。

我的想法是先去留学，然后再找工作。

十一. 思考与写作练习 생각하고 작문하기

1. 大学生活可写的东西很多，注意选择哪些要写的，又以何种顺序串联起来。

   대학생활은 쓸 수 있는 내용이 매우 많은데, 어떤 것을 쓸 것인지를 선택하고 또 어떤 순서로 이어갈 것인지를 주의해야 합니다.

2. 书写的内容，必须考虑文章的详略安排，哪些地方需要重点叙述，哪些地方可以简单提过，突出重点。

   글쓰기의 내용은 반드시 문장의 상세함과 간략함의 안배, 어떤 부분을 중점적으로 서술해야 하는지, 어떤 부분을 간단히 언급해서, 중점을 부각시켜야 하는지를 고려해야 합니다.

3. 要有贯穿全文的线索。时间、地点、人物、事件的转换都可以成为线索。

   전체 문장을 꿰뚫는 실마리가 있어야 합니다. 시간, 장소, 인물, 사건의 전환은 모두 실마리가 될 수 있습니다.

作业 과제

简单记叙描述自己的某一段学校生活。

간단히 학교생활 중 한 시절을 소개해 보시오.

我的(大学、中学、小学、留学)生活

나의 (대학, 중·고교, 초등학교, 유학)생활

第四课 一张照片

제4과 사진 한 장

一. 主题：学会如何简单描述照片或图片的内容，并就此展开想象，进行写作

주제：어떻게 간단하게 사진 혹은 그림의 내용을 설명하고, 이에 대해 상상을 전개하여 작문합니다

二. 本课要点 이 과의 포인트

1. 学会简单说明图/照片。그림과 사진을 간단히 설명할 수 있습니다.
2. 掌握"有"字句的各种用法。'有'자문의 각종 용법을 마스터합니다.
3. 初步了解动态助词"着"的用法。
   동태조사 '着'의 용법을 기본적으로 이해합니다.
4. 初步了解动态助词"过"的用法。
   동태조사 '过'의 용법을 기본적으로 이해합니다.

5. 动词"说、讲、告诉、谈话"，以及介词"对、跟、给"的区别和用法。

　동사 '说、讲、告诉、谈话', 전치사 '对、跟、给'의 구별과 용법.

6. 句型："有"字句，"着"字句，双宾语句等。

　문형 : '有'자문, '着'자문, 이중목적어문 등.

7. 写作要点：如何看图写作。작문 포인트 : 그림을 보고 작문을 하는 방법.

三. 导入 : 想一想，说一说 도입 : 생각해 보고, 말해 보시오

① 父母的哪个举动让你最为感动？

　부모의 어떤 행위가 당신을 가장 감동시켰습니까?

② 你人生的榜样是谁？

　당신의 인생의 롤모델은 누구입니까?

四. 范文讨论与学习 본문의 토론과 학습

父爱如山

路上有一对父子。从照片中可见当时正下着大雨，父亲穿着衬衫、手里提着公文包，尽管全身湿透，右手的伞仍坚定地在儿子头上举着，呵护着他不受风吹雨打。小男孩背着书包，迈着轻快的步伐，似乎并没有发现父亲的衣服已经湿了。

看到这张照片，忍不住想起了我的父亲。他虽然没有为我打伞，但他为我遮挡人生的风风雨雨。

爸爸小时候家在农村，生活很苦，每天要走很远的路去上学。他每天凌晨四点半左右起床，然后带着弟弟妹妹们一起去学校，冬天天很冷，到了学校手都快冻僵了。可是即使这么艰苦，他也从没放弃过，一直是班里的第一名。而且他还是班长，组织参与了各种学校活动。我第一次听到这些的时候，感到很不可思议，一个人怎么可以做到这么完美呢？爸爸告诉我：如果你有自己的目标，觉得那是必须做的事情，那么不管多么辛苦，你都会去做的。

他经常给我讲他过去的故事，鼓励我不要怕困难，只要坚持就会成功。他教育我们自己能做的事情不要麻烦别人。他总说男孩要坚强，心胸要宽阔，不要斤斤计较，也很少对我们有求必应。可是当我有烦恼的时候，爸爸总会耐心地跟我谈话，引导我该怎么处理问题。有句俗语说：父母是孩子最好的老师。对我来说，父母也给了我特别大的影响，尤其是我的父亲，在我心目中，他一直是最好的爸爸，也是我人生最好的榜样，我为有这样的爸爸而骄傲。

□ 一对	[yíduì]	한 쌍.
□ 可见	[kějiàn]	[동사] …을[를] 볼 수 있다.
□ 公文包	[gōngwénbāo]	[명사] 서류 가방.
□ 湿	[shī]	[동사] 적시다. 젖게 하다.
□ 举	[jǔ]	[동사] 들다. 들어올리다. 위로 받치다. 위로 펼치다.
□ 提	[tí]	[동사] (손잡이나 끈이 있는 물건을) 들다[쥐다].
□ 呵护	[hēhù]	[동사] 가호하다. 애지중지하다. 보우하다. 비호하다. 애호하다. 보호하다.
□ 风吹雨打	[fēngchuīyǔdǎ]	[성어] 비바람을 맞다.
□ 迈	[mài]	큰 걸음으로 걷다.
□ 步伐	[bùfá]	[명사] 걸음걸이. 발걸음.
□ 忍不住	[rěnbúzhù]	[동사] 견딜 수 없다. 참을 수 없다.
□ 遮挡	[zhēdǎng]	[동사] 막다. 차단하다. 가리다.
□ 凌晨	[língchén]	[명사] 새벽녘. 이른 아침. 동틀 무렵.
□ 冻僵	[dòngjiāng]	[동사] (추워서) 손발이 곱다. 손발이 얼어붙다.
□ 放弃	[fàngqì]	[동사] (권리나 주장·의견 등을) 버리다. 포기하다.
□ 组织	[zǔzhī]	[동사] 조직하다. 구성하다. 결성하다.
□ 不可思议	[bùkěsīyì]	[성어] (사물의 상황·발전·변화 혹은 이론에 대해) 이해할 수 없다. 상상할 수 없다.
□ 完美	[wánměi]	[형용사] 완미하다. 매우 훌륭하다. 완전하여 흠잡을 데가 없다. 완전무결하다.
□ 鼓励	[gǔlì]	[동사] 격려하다. (용기를) 북돋우다.
□ 自立	[zìlì]	[동사] 자립하다. 스스로 서다.
□ 麻烦	[máfan]	[동사] 귀찮게[성가시게·번거롭게] 하다. 부담을 주다. 폐를 끼치다.

□ 坚强	[jiānqiáng]	[형용사] 굳세다. 굳고 강하다. 꿋꿋하다. 완강하다. 강경하다.
□ 宽阔	[kuānkuò]	[형용사] 아량이 넓다.
□ 斤斤计较	[jīnjīnjìjiào]	[성어] 자질구레하거나 중요하지 않은 일을 시시콜콜 따지다.
□ 有求必应	[yǒuqiúbìyìng]	[성어] 요구만 하면 반드시 들어 주다. 요구대로 다 들어 주다.
□ 烦恼	[fánnǎo]	[명사] 고민거리. 걱정
□ 耐心	[nàixīn]	[형용사] 참을성이 있다. 인내심이 강하다. 인내성이 있다.
□ 引导	[yǐndǎo]	[동사] 인도하다. 인솔하다. 이끌다.
□ 榜样	[bǎngyàng]	[명사] 모범. 본보기. 귀감.
□ 骄傲	[jiāo'ào]	[형용사] 자랑스럽다. 스스로 자부심을 느끼다.

六. 课堂练习 본문 연습

1 根据课文回答问题 본문에 근거해서 질문에 대답하시오

① 图中的两个人是什么关系？

② 男人的衣服为什么湿透了？

③ 作者的父亲也为他打过伞吗？

④ 作者父亲小时候生活怎么样？

⑤ 作者父亲小时候学校生活怎么样？

⑥ 作者父亲对作者有求必应吗？

⑦ 作者父亲经常跟他说什么？

⑧ 作者心目中最好的榜样是谁？

⑨ "父爱如山"是什么意思?

⑩ 你心目中最好的父亲应该是怎么样的？

2 选择填空 적당한 단어를 선택해서 빈 칸을 채우시오

> 教育　讲　就　鼓励　只要

他经常给我＿＿＿他过去的故事，＿＿＿我不要怕困难，＿＿＿坚持＿＿＿会成功。他＿＿＿我们自己能做的事情不要麻烦别人。

3 以"人生的榜样"为主题，用下列词写一篇短文
'인생의 귀감'을 주제로 하여, 다음 단어를 사용해서 만들어 보시오

> 影响　有　对　人生　榜样

＿＿＿＿＿＿＿＿＿＿＿＿＿＿＿＿＿＿

＿＿＿＿＿＿＿＿＿＿＿＿＿＿＿＿＿＿

4 和周围的人谈谈看了102页照片之后的感想
주위 사람과 102페이지의 사진을 본 후의 감상을 이야기해 보시오

1 "有"字句的用法 "有"자문의 용법

(술어동사 '有'가 술어로 쓰인 문장을 '有'자문이라고 합니다.)
动词'有'[yǒu]有三个基本含义:

> a "存在"、b "领有"或者"具有"、c "表示达到某种程度"。

- 树上有两只小鸟。 나무 위에 새 두 마리가 있다.
- 我有两个孩子。 나는 아이가 둘이다.
- 估计她有四十岁。 추측하건대, 그녀는 40살이다.

其中表示 a "存在"的"有"用于"存在句"。
그 중에서 '존재'의 '有'는 '존재문'에 사용됩니다.

(1) "有"表存在时，其基本结构为:
   '有'가 존재를 표시할 때에, 그 기본 구조는 다음과 같습니다.

> 处所词/时间词+方位词(上、里、中等)+"有"+修饰限定语+名词性词语
> 처소사/시간사 + 방위사('上', '里', '中' 등) + '有' + 한정어 + 명사성 성분

- 教室 + 里 + 有 + 很多 + 学生。 교실 안에 많은 학생이 있다.
- 图中有一个男人和一个孩子。 그림 안에 한 남자와 한 아이가 있다.
- 学校旁边有银行。 학교 옆에 은행이 있다.

否定形式为 : '有'의 부정형식은 '没有'입니다.

教室+ 里 + 没有+ 学生。

교실 안에 많은 학생이 없다.

▶ 有条不紊 유조불문

解释 : 有条理 ; 不紊乱。

질서가 있다. 문란하지 않다.

联合式 ; 作谓语、定语、状语 ; 含褒义。

연합구조 : 술어, 관형어, 부사어가 된다. 긍정적 의미를 포함한다.

例 : 他做事一向有条不紊, 不慌不乱。

그가 일을 하는 태도는 언제나 규율이 있고, 흐트러짐이 없다.

▶ 再接再厉 재접재려

解释 : 现比喻一次又一次地继续努力。

현재는 하나씩 하나씩 계속 노력한다는 것을 비유한다.

联合式 ; 作定语、状语 ; 含褒义。

연합구조 : 관형어, 부사어가 된다. 긍정적인 의미를 포함한다.

例 : 这次虽然取得了好成绩, 但还要再接再厉, 不断进取。

이번에는 비록 좋은 성적을 얻었지만, 다시 계속 매진하고 끊임없이 노력해야 한다.

▶ 兴高采烈 흥고채렬

解释 : 心情很愉快 ; 兴致很高。

마음이 매우 유쾌하다. 흥미가 매우 많다.

联合式 ; 作谓语、定语、状语 ; 含褒义。

연합구조 : 술어, 관형어, 부사어가 된다. 긍정적인 의미를 포함한다.

例 : 一听说出去玩, 孩子们顿时兴高采烈。

나가서 놀라는 말을 듣자마자, 아이들은 갑자기 매우 즐거워했다.

4-1. 用"有"字句说明三幅图中有什么

　　'有'자문을 사용해서 3개의 그림 중에 무엇이 있는지 설명하시오

1) _____

2) _____

3) _____

(2) [동사] 가지고 있다. 소유하다. [소유를 나타냄]

　　表领有，其基本结构为(소유를 표시하고, 그 기본 구조는 다음과 같습니다.)

> 名词性词语 ＋ 有 ＋ (修饰限定语) ＋ 名词性词语
> 명사성 성분 ＋ '有' ＋ 　(한정어)　 ＋ 명사성 성분

此时，作主语的名词性词语多是有生命的，或是单位、组织类名词。
주어의 명사성 단어는 대부분 생명이 있는 것이거나 학교, 직장 등 명사입니다.

- 我有一个幸福的家庭。　나는 행복한 가정이 있다.
- 我们公司有很多中国职员。　우리 회사는 많은 중국직원이 있다.
- 她有男朋友了。　그녀는 남자친구가 생겼다.

(3) 表具有，可以表示某种新情况发生或出现，这时"有"后面常常附有表示变化意义的"了"。其句型结构为：

'구비'를 뜻하는데, 어떤 새로운 상황이 발생하거나 출현함을 표시할 수 있고, 이 때 '有' 뒤에서는 변화의미를 표시하는 '了'가 대부분 붙습니다. 그 문형 구조는 아래와 같습니다.

> 名词性词语 ＋ 有(了) ＋ 动词性词语/名词性词语
> 명사성 어구 ＋ '有(了)' ＋ 동사성 어구/명사성 어구

- 他有资格当工程师。　그는 엔지니어가 될 자격이 있다.
- 他有一大堆工作要做。　그는 할 일이 많았다.
- 他有了新的想法。　그는 새로운 생각이 생겼다.

还可以表示某人或某物具有某种属性。这时"有"的宾语多是抽象名词，"有"前面可以有程度副词(很、非常等)修饰。

어떤 사람이나 사물이 어떤 속성을 가지고 있음을 나타낼 수 있습니다. 이때에, '有'의 목적어는 대부분 추상명사이고, '有'의 앞에는 정도부사(很, 非常 등)의 수식을 받을 수 있습니다.

- 他很有经济头脑。　그는 경제적 마인드가 있다.
- 她很有个性。　그녀는 아주 개성이 있다.

4-2. 完成句子 문장을 완성하시오

① 有　心脏　问题

② 她　魅力　有　很。

③ 图书馆　咖啡厅　里　一个　小　有

④ 很大的　他的　水平　进步　了　有　汉语

⑤ 没有　周末　时间　他　学习

(4) 表示性质、数量达到某种程度。

성질, 수량이 어떤 정도에 도달함을 표시합니다.

其句型结构为 그 문형 구조는 아래와 같습니다.

有 — [那么] + 形容词　　'有' — [那么] + 형용사
有 + 数量　　　　　　　'有' + 수량

• 这孩子已经有我那么高了。　이 아이는 이미 나처럼 (키가)크다.
• 他走了有三天了。　그가 간지 사흘이 되었다.

2 动态助词"着"的用法 동태조사 "着"의 용법

着 [zhe]

(1) [조사] …하고 있다. …하고 있는 중이다.

　[동사 뒤에 쓰여 동작이 진행되고 있음을 나타냄]

在动词或形容词后附着助词"着"，表示动作的进行和持续或状态的持续。

　　동사 혹은 형용사 뒤에 조사 '着'를 부착하여, 동작의 진행과 지속 혹은 상태의 지속을 표시합니다.

　　　• 我等着你呢。　　내가 너를 기다리고 있잖아.
　　　• 外面刮着大风。　　밖에 큰 바람이 불고 있다.

(2) [조사] …하면서. …한 채로.
　　[동사 사이에 쓰여 연동식을 만들어, 두 동작이 동시에 발생함을 나타냄.]
　　"着"附着在动词后可以表示一种伴随动作方式
　　'着'가 동사 뒤에 부착된 후에 동시에 동작이 나타납니다.

> 动词1 ＋ 着 ＋ 动词2
> 동사1 ＋ 着 ＋ 동사2

　　① 我走着去。　　걸어서 갑니다.
　　② 他躺着看书。　　그는 누워서 책을 본다.

(3) [조사] …해 있다. …한 채로 있다.
　　[일부 동사나 형용사 뒤에 쓰여 어떤 상태의 지속을 나타냄.]
　　"着"附在动词后还可以表示一种存在状态。
　　'着'가 동사 뒤에 붙은 후 일종의 존재상태를 표시할 수 있습니다.

　　　• 灯亮着, 门开着。　　전깃불은 켜져 있었고 문은 열려 있었다.

1) _____

2) _____

3) _____

4) _____

① 她　喜欢　趴　看书

② 院子里　种　五颜六色　鲜花

③ 墙上　挂　两幅图

④ 他　骑　自行车　乱跑

⑤ 我们　一直　保持　距离

⑥ 韩国　现在　正　面临　严重的　就业问题

3 动态助词"过" 동태조사 "过"

表示过去曾经有过某种经历或具有某种性状。

과거에 어떤 경력이 있었거나, 어떤 성질·상태를 갖고 있었음을 나타냅니다.

> 动词/形容词 ＋ 过
> 동사 / 형용사 ＋ 过

- 我昨天找过你两次。　나는 어제 너를 두 번 찾았다.
- 那时他也胖过。　그 때 그도 뚱뚱했다.

否定时用"没(有)" 부정시에는 '没(有)'를 사용합니다.

- 他没有去过中国。　그는 중국에 가본 적이 없다.

4-5. 利用所给词语，加上"过"完成句子。
　　주어진 단어와 구를 이용하고, '过'를 덧붙여서 문장을 완성하시오.

根据所给的词语，用"过"字组句。

① 这种　梦我　也　做

② 大学读书　时　我　见　他

③ 我　听说　他　来　一两次

---

4 什么时候不用"了"?　어떤 상황에서 '了'를 사용하지 않는가?

(1) 如果只是一种属性的判断、存在或具体的说明，不用"了"
　　만약 일종의 속성의 판단, 존재 혹은 구체적인 설명이라면, '了'를 사용하지 않
　　습니다.

- 冯小刚是一位著名导演。　冯小刚은 유명한 감독이다.
- 他家很穷。　그 집은 가난하다.

(2) 如果表示经常性、一贯性、规律性的动作，不用"了"。

만약 일상적, 일관적, 규율적 동작을 나타내면, '了'를 사용하지 않습니다.

- 他常常迟到。　그는 자주 지각한다.
- 老师一直坚持早到晚走。　선생님은 늘 일찍 오고 늦게 간다.

八. 词汇要点 어휘 포인트

1 说　讲　告诉　谈话

这几个词都和"말하다"、"이야기하다"有关系，不过实际用法稍有差别。

이 몇 개의 단어는 '말하다', '이야기하다'와 관계가 있지만, 실제 용법에는 약간의 차이가 있습니다.

(1) A 对 B 说

- 你务必对我说实话。　너는 반드시 나에게 진실을 말해야 한다.

"说"不能直接加人做宾语，必须用介词"对"，A、B的位置不能互换。

'说'는 뒤에 사람 목적어를 취할 수 없고, 반드시 개사 '对'를 써야 하고, A, B의 위치는 서로 바꿀 수 없습니다.

(2) A 跟(给) B 讲

●不要跟别人讲。　딴사람에게는 얘기하지 마.

"讲"不能直接加人做宾语，一般用介词"跟"引出言语对象，A、B的位置不能互换。

'讲' 뒤에는 사람을 직접 목적어를 둘 수 없고, 일반적으로 개사 '跟'을 써서 대상을 표현합니다. A, B의 위치는 서로 바꿀 수 없습니다.

(3) A 告诉 B STH

●请告诉我价格。　가격을 알려주세요.

"告诉"后可以跟双宾语，间接宾语在先，直接宾语在后，不用加介词。

'告诉' 뒤에는 이중목적어가 올 수 있는데, 간접목적어가 앞에, 직접목적어가 뒤에 놓이며, 전치사를 붙일 필요가 없습니다.

(4) A 跟(和) B 谈话

"谈话"不能直接加人做宾语，必须用介词"和/跟"，AB的位置可以互换。

'谈话'는 직접 사람을 붙여서 목적어로 삼을 수 없고, 반드시 전치사 '和/跟'를 써야하고 A와 B의 위치는 바꿀 수 있습니다.

●你在和谁谈话？　너는 누구와 이야기하고 있니?

"谈话"也可以表示正式的、严肃的场合下进行的谈话。这种情况下A/B位置不能互换。

'谈话'도 공식적이고 엄숙한 상황에서 진행되는 담화를 가리킬 수 있습니다. 이때, A/B 순서는 바뀔 수 없습니다.

• 谢谢您，这么晚了，还跟我进行谈话。

이렇게 늦은 시간까지도 나와 이야기해줘서 고마워.

"谈话"还可以作名词(명사가 될 수도 있습니다)，如：

• 女孩们拒绝男孩参加她们的谈话。

여자아이들은 남자아이들이 그녀들과 대화를 같이 하려는 것을 거절했다.

4-6. 练习 연습

选择(讲 / 说 / 告诉 / 谈话) 적당한 단어를 선택하시오.

① 我们正在 ＿＿＿＿＿＿ 。

② 这段话 ＿＿＿＿＿ 得很切题。

③ 不要对父母 ＿＿＿＿＿ 假话。

④ 这件事一定要先 ＿＿＿＿＿ 父母。

2 介词"给"、"对"、"跟" 전치사 "给"，"对"，"跟"

介词"对、跟、给"都可以引进动作对象，有时可以互换，意义稍有不同。如：

전치사 '对, 跟, 给'는 모두 동작의 대상을 이끌 수 있고, 때로는 서로 바꾸어 쓸 수 있지만, 의미는 약간 다릅니다. 예를 들면,

• 把你的想法给 / 跟 / 对大家说一说。

너의 생각을 모두에게 말해 봐.

但大部分情况下，他们是不能互换的。

그러나 대부분의 상황에서는 서로 바꾸어 쓸 수 없습니다.

(1) "对"主要表示对待关系，还可以指示动作的对象

　'对'는 주로 응대관계를 표시하고, 동작의 대상을 지시할 수도 있습니다.

(2) "跟"表示这个动作要由双方一同进行，引进动作协同的对象。还可以
　　表示与某事物有无联系。

　'跟'은 이 동작 쌍방이 함께 진행함을 표시하고, 동작의 협력 대상을 이끕니다.
　또 어떤 사물과 관계가 없음을 표시할 수도 있습니다.

- 他跟这事没关系。　그는 이 일과 무관하다.
- 高山的气压跟平地上不一样。

　　높은 산의 기압과 평지 위의 기압은 다르다.

"给"引进接受者、受益者、受害者。

'给'는 접수자, 수익자, 수혜자를 이끕니다.

- 他给小李买了件毛衣。　그는 小李에게 스웨터를 사주었다.
- 爸爸寄给我一封信。　아버지는 나에게 편지 한 통을 부쳤다.

"给"构成的短语在句中可以放在动词前，也可以放在动词后。

'给'가 구성하는 구는 문장 중에서 동사 앞에 놓일 수 있고, 동사 뒤에 놓일 수도
있습니다.

- 他给我买了份保险。　그는 나에게 보험을 사줬다.
- 妈妈送给我一本书。　어머니는 나에게 책 한권을 보냈다.

而"对/跟"不能放在动词后面。그러나 '对/跟'은 동사 뒤에 놓일 수 없습니다.

4-7. "给/对/跟"选择填空 적당한 단어를 선택하여 빈 칸을 채우시오

① 我 ____ 猫过敏.　　나는 고양이 알레르기가 있다.

② 请发 ____ 我。　　보내주세요.

④ ____ 谁结婚?　　누구와 결혼하죠?

九. 写作要点 작문 포인트

◆ 如何进行看图写作? 그림 보고 작문하는 방법

① 看 : 仔细看图, 抓住主要内容(人物, 关系, 动作, 神态, 环境, 事件等)
列出一两个重要语句。

看 : 자세히 그림을 보고, 주요 내용(인물, 관계, 동작, 표정과 태도, 환경, 사건 등)을 파악하여 한두 개의 중요한 문장을 나열하세요.

② 想 : 图里的内容明确的话, 代入写作即可, 如果缺乏必要情节, 则需要
发挥合理想象, 想象人物做了什么怎么做的。

想 : 그림 속의 내용이 명확하다면, 그대로 쓰면 되고, 만약 필수적인 줄거리가 결여되어 있다면, 합리적인 상상력을 발휘하여, 인물이 무엇을 했고, 어떻게 한 것인지를 상상해야 합니다.

③ 选：选择以何种视点写作，第一人称？第二人称？第三人称？选择写作的类型，记叙文？说明文？议论文？

选：1인칭, 2인칭, 3인칭 등, 어떠한 시점에서 기술을 하는지를 선택을 합니다. 서술문, 설명문, 논설문 등, 문장기술의 유형을 선택합니다.

④ 写：开始写重点词、重点语句，再从重点语句发散出去。

写：먼저 중점 단어, 중점 문구부터 쓰기 시작하고, 다시 중점 문구로부터 확장해 나가야 합니다.

⑤ 连：把各个句子有效地组织起来，注意逻辑关系，可以多使用一些关联词来加强语句之间的联系。

连：각 문장을 논리관계에 유의하여 유기적으로 연결하고, 접속사 등을 많이 사용하여 문구 사이의 연결을 매끄럽게 만듭니다.

⑥ 改：修改文章的错误语法或词汇、汉字的部分及标点符号等，可能的话，多进行润色修辞。

改：문장의 잘못된 문법이나 어휘, 한자의 부분 및 문장부호를 수정하는 것은 가능하다면, 많이 다듬고 고칩니다.

十. 句型练习 문형 연습

1 "有"字句练习 '有'자문을 작문하기
　　我有一个幸福的家庭。

他很有能力。

老师的话有几分道理。

门口有个人站着。

---

2 "着"字句练习 '着'자문을 작문하기

小男孩背着书包，迈着轻快的步伐。

他紧闭着嘴，睁大双眼看着我。

妈妈背着我走回家了。

小女孩手里拿着一朵花，微微笑着。

---

3 "给"字句练习 '给'자문을 작문하기

父母给我特别大的影响。

今天我要给朋友送行。

爸爸今天要给学生上课。

请把球扔给我。

---

4 "为"字句练习 '为'자문을 작문하기

我为有这样的爸爸而骄傲。

他为我弹奏了一曲。

别为孩子的淘气生气。

他总是为朋友出力。

5 双宾语句练习 이중목적어구문을 작문하기

他教我们自立独立。

妈妈告诉我们爸爸最近身体很不好。

老师给了我两张票。

学校通知我我的休学申请已经通过了。

▶ 一目了然 **일목요연**

解释：一眼就看得很清楚。

　　　　한 눈에 분명하게 보인다.

主谓式；作谓语、定语；含褒义。

주술구조 : 술어, 관형어가 된다. 긍정적인 의미를 포함한다.

　例 ：场上的局势，一目了然。

　　　　운동장의 형세가 한눈에 보입니다.

十一. 思考与写作练习 생각하고 작문하기

如何确定文章的题目？

어떻게 문장의 제목을 정할까요?

一篇好的文章需要一个好的标题，好的标题可以吸引读者的注意，也可以帮助读者理解文章的内容。文章的题目应该是简明、新颖、准确的。确定文章题目的办法有以下几个：

좋은 글은 좋은 제목이 필요한데, 왜냐하면, 좋은 제목은 독자의 주의를 끌 수 있고, 독자가 글의 내용을 이해하는 데에 도움을 줄 수 있기 때문입니다. 글의 제목은 간명하고, 참신하고, 정확해야 합니다. 글의 제목을 정하는 방법에는 아래와 같은 몇 가지 방법이 있습니다.

1 以人或以物为写作主题的可以直接以该人或物为文章的题目。如"我的朋友李夏天"

   사람이나 사물을 작문주제로 할 때에는, 직접 사람이나 사물을 글의 제목으로 할 수 있습니다. 예를 들면, '我的朋友李夏天'과 같습니다.

2 也可以以地点或主要事件作为文章的题目。如："我的教室""我最难忘的一次旅行"。

   장소나 혹은 주요 사건을 글의 제목으로 할 수도 있습니다. 예를 들면 '我的教室', '我最难忘的一次旅行'입니다.

3 概括主要内容。 如："夸奖比惩罚更有力量"

   주요 내용을 개괄해 줍니다. 예를 들면, '夸奖比惩罚更有力量'입니다.

4 提出问题。如"大学生打工有好处吗？"

   문제를 제기합니다. 예를 들면, '大学生打工有好处吗？'입니다.

5 根据主题的引申义，比喻义，或象征义来确定题目。如"父爱如山"。

   주제의 파생의미, 비유의미, 혹은 상징의미에 근거해서 제목을 정합니다. 예를 들면, '父爱如山'입니다.

请结合这张图片写一篇短文。题目自拟，字数不限。

주어진 그림을 보고 짧은 글을 한 편 써보시오. 제목은 스스로 정함. 글자 수 제한없음.

第五课 我的房间

제5과 나의 방

一. 主题 : 学会如何简单描述说明一个地方或一张照片或图片的内容

주제 : 어떻게 간단히 한 장소, 사진 혹은 그림의 내용을 묘사하는지를 배웁니다

二. 本课要点 이 과의 포인트

1. 学会描述说明某个场所的布置等。

   어떤 장소를 묘사·설명할 줄 압니다.

2. 了解常用名量词的用法。

   자주 쓰이는 명량사의 용법을 이해합니다.

3. 掌握"在"的动词、副词、介词的用法。

   '在'의 동사, 부사, 전치사의 용법을 마스터합니다.

4. 能分辩"在"字句、"有"字句、"是"字句等存在句的用法。

‘在’자구, ‘有’자구, ‘是’자구 등 존재문의 용법을 구분할 수 있습니다.

5. 了解兼语句的用法。겸어문의 용법을 이해합니다.

6. 写作要点 : 了解说明文的写作。

　작문 포인트 : 설명문의 작문을 이해합니다.

① 你喜欢什么样的房间? 어떤 방을 좋아합니까?

② 你现在的房间怎么样? 현재의 방은 어떻습니까?

我的房间

上大学以后，因为离家太远，所以妈妈为我在学校附近租了一间房，从那里到学校只需要十分钟。

我的房间不太大，只要一打开门就可以看到房间的全部。门对面是我的书桌，床就在桌子右边。桌子上有一台电脑，一台打印机，还有一盏台灯，晚上散发着柔和的光，让人觉得很温暖。前面还有一把白色的小转椅，那是我上大学以后小姨买给我的，我经常坐在那里看书写作业。桌子前面的墙上还有一个小书架，上面摆放着几张照片。我的床是单人床，不太宽，床上有很多橘黄色和粉色的垫子。我是一个感情丰富的女生，喜欢在明亮和舒适的地方听音乐或者看书，所以我选择黄色的床上用品，它们让我心情愉快。床前的地上还铺着一张灰色的地毯，有时候我也坐在那里看书。床的对面就是窗户，平时我喜欢打开窗户，然后躺在床上享受外面吹来的微风。床侧的墙上也有一个柜子，里面放着我常看的书和一些日常用品。床脚还有一个小衣柜，里面挂满了我的衣服，女孩子的衣服总是很多，里面有点乱，所以每过一段时间我就要整理一次。

我的房间，虽然小但却很温馨，我经常请朋友们来谈天说地，这里给我自由，让我欢乐。这里是我的一方小天地，我很喜欢我的房间。

五. 生词 새 단어

□ 租	[zū]	[동사] 세를 주다. 임대하다.
□ 需要	[xūyào]	[동사] 필요하다. 요구되다.
□ 盏	[zhǎn]	[양사] 개. [등을 세는 양사]

□ 散发	[sànfā]	[동사] 발산하다. 퍼지다. 내뿜다.
□ 柔和	[róuhé]	[형용사] (빛과 색이) 부드럽다. 강렬하지 않다. 눈을 자극하지 않다.
□ 温暖	[wēnnuǎn]	[형용사] 따뜻하다. 온난하다. 따스하다. 따사롭다.
□ 转椅	[zhuànyǐ]	[명사] 회전의자.
□ 书架	[shūjià]	[명사] 서가. 책꽂이.
□ 摆放	[bǎifàng]	[동사] 진열하다. 배열하다. 나열하다.
□ 橘黄	[júhuáng]	[형용사] 귤의 빛깔과 같이 등황색의.
□ 垫子	[diànzi]	[명사] 깔개. 방석. 매트. 받침.
□ 丰富	[fēngfù]	[형용사] 많다. 풍부하다. 넉넉하다. 풍족하다.
□ 明亮	[míngliàng]	[형용사] 환하다. 밝다. 양명하다. 눈부시다. 빛나다. 반짝거리다.
□ 舒适	[shūshì]	[형용사] 편(안)하다. 쾌적하다. 유쾌하다.
□ 床上用品	[chuángshàngyòngpǐn]	[명사] (베개·이불 등) 침구. 침대용품.
□ 铺	[pū]	[동사] (물건을) 깔다. 펴다.
□ 地毯	[dìtǎn]	[명사] 양탄자. 카펫. 융단.
□ 微风	[wēifēng]	[명사] 미풍.
□ 挂	[guà]	[동사] (물체 표면에) 붙어 있다. 덮여 있다. 띠고 있다. 칠해져 있다. 발라져 있다.
□ 乱	[luàn]	[형용사] 어지럽다. 무질서하다. 혼란하다.
□ 整理	[zhěnglǐ]	[동사] 정리하다.
□ 天地	[tiāndì]	[명사] [비유] 세상. 세계. 경지. [사람의 활동 범위]
□ 温馨	[wēnxīn]	[형용사] 온화하고 향기롭다. 따스하다. 아늑하다.

1 根据课文回答问题 본문에 근거하여 질문에 답하시오

① 她的房间离学校远吗？

② 她的房间有床吗？

③ 床在什么地方？

④ 桌子上有什么？

⑤ 桌前的小书柜上有什么？

⑥ 作者为什么喜欢黄色？

⑦ 她的房间大吗？

⑧ 她的房间常有别人来吗？

⑨ 她为什么喜欢她的房间？

⑩ 这个房间你会喜欢吗？为什么？

2 填空 빈 칸을 채우시오

> 台　盏　把

桌子上有一＿＿电脑，一＿＿打印机，还有一＿＿台灯，晚上散发着柔和的光，让人觉得很温暖，前面还有一＿＿白色的小转椅。

3 以教室为主题用下列词完成一篇短文
교실을 주제로 하여, 다음의 단어를 이용하여 글을 만들어 보시오

有　学生　教室　着　在

4 和周围的人谈谈你的房间的布置

　　집안 사물들의 배치에 대해서, 주위 사람과 이야기를 해 보십시오

七. 语法要点 어법 포인트

1 量词的用法 양사의 용법

　　量词表示事物或动作的数量单位的词, 分为名量词和动量词。汉语名量词数量较多, 动量词相对较少。

　　양사는 사물이나 동작의 수량 단위의 단어를 나타내고, 명량사와 동량사로 나뉩니다. 중국어 명량사는 수량이 비교적 많고, 동량사는 비교적 적습니다.

　　除了成语和某些特殊用法以外, 数词一般不能直接和名词连用, 中间要用量词。如:

　　성어와 어떤 특수 용법이외에, 수사는 일반적으로 직접 명사에 수식할 수 없고 중간에 양사가 있어야 합니다. 예를 들면,

　　　　一个人　　两本书　　三篇文章

　　常用的名量词有:

　　자주 쓰이는 명량사는 아래와 같습니다.

(1) 个

"个"是应用最广的量词。主要用于没有专用量词的名词，有些名词除了专用量词之外也能用"个"。

'个'는 응용범위가 넓은 양사입니다. 주로 전용양사가 없는 명사에 사용이 되고, 어떤 명사는 전용양사 이외에, '个'도 사용할 수 있습니다.

用于人、人和动物的一些器官、水果、星球、湖海、事件、动作、日期、时间、食品、用品、机构、组织、会议、理想、想法、文体、词语。

사람, 사람과 동물의 기관들, 과일, 행성, 별, 호수와 바다, 사건, 동작, 일기, 시간, 식품, 용품, 기구, 조직, 회의, 이상, 생각, 문체, 단어 등에 쓰입니다.

一个人　一个星星　一个小时　十个月　一个蛋糕　几个想法

(2) 只

用于动物、某些成对的东西中的一个、某些器具、船只

동물, 어떤 쌍이 되는 물건 중의 하나, 어떤 기구, 선박에 쓰임.

一只狗　两只手　一只鞋子　三只鸟　一只小船

(3) 条

用于细、长、窄的东西：用于分项目的事物：

가늘고 길고 좁은 물건에 쓰임. 항목을 나누는 사물에 쓰임.

一条妙计　两条建议　三条新闻　四条裙子

(4) 把

a. 用于有把手的器具　　손잡이가 있는 기물에 쓰임

b. 一手抓起的数量　　손으로 잡을 수 있는 수량

c. 用于某些抽象的意思　어떤 추상적인 의미에 쓰임

一把年龄　加把手　有一把力气　一把好手　帮他一把

(5) 台

a. 用于戏剧 : 연극에 쓰임

一台戏　一台话剧　一台歌舞

b. 用于机器、仪器、电器 : 기계, 측정기, 전자제품에 쓰임

一台机器　一台拖拉机　一台显微镜　一台电视机
一台收音机　一台洗衣机　一台电脑

(6) 件

a. 用于衣物 : 의복에 쓰임
一件衬衫

b. 用于事情 : 일ㆍ사건에 쓰임
一件大事

c. 用于家具、行李 : 가구ㆍ짐에 쓰임
两件家具　三件行李

5-1. 选择合适的量词填空

一_____ 学校	一_____ 公司	一_____ 桌子
一_____ 书	一_____ 冰箱	一_____ 自行车
一_____ 裙子	一_____ 铅笔	一_____ 家具

2 "在"的用法 '在'의 용법

现代汉语"在"有多个义项, 常用的有下面三种, 一种是用作动词, 表示存在 ; 第二种用作介词, 表示人或事物的位置或表示时间 : 第三种用作副词, 同"正在"表示进行。

현대중국어 '在'에는 여러 개의 의미항이 있는데, 자주 보이는 것은 다음 3가지입니다.

1. 동사　　　존재하다. 있다. (사람이나 사물이) …에 있다. …에 놓여 있다.
2. 전치사　　…에(서), …에 있어서. [행위나 동작이 이루어지는 시간·장소·범위·
　　　　　　 상황을 나타냄]
3. 부사　　　…하고 있는 중이다 …하고 있다

'在'는 3개의 기본용법이 있는데, 첫 번째는 동사이고, 의미는 '…에 있다'이며, 존재를 표시합니다. 두 번째는 전치사이고, '…에서'이며, 장소를 표시합니다. 세 번째는 '…하는 중이다'이고, 동작의 진행을 표시합니다.

(1) "在"表存在时, 其基本结构为 :

'在'가 존재를 나타낼 때에, 그 기본구조는 아래와 같습니다.

> 名词 ＋ "在" ＋ 处所词(或其他成分) ＋ (方位词)
> 명사 ＋ '在' ＋ 장소사 (혹은 기타성분) ＋ (방위사)

- 我在学校。　나는 학교에 있다.
- 床在门对面。　침대는 문 맞은편에 있다.
- 我的家在火车站附近。　내 집은 기차역 부근에 있다.

否定形式为 : 不在 / 没在。 부정형식은 '不在 / 没在'입니다.

• 周末他不在公司。　주말에 그는 회사에 없다.

1) _____

2) _____

3) _____

(2) 表场所或时间，做状语时其基本结构为：

장소나 시간을 뜻하는데, 부사어가 될 때 그 기본구조는 아래와 같습니다.

> 名词性词语 + "在" + 场所(其他) + 动词
> 명사성 단어 + '在' + 장소(기타) + 동사

- 我在图书馆学习。　나는 도서관에서 공부를 한다.
- 妈妈在我起床之前给我准备好早餐。

  엄마는 내가 일어나기 전에 아침밥을 준비해 주셨다.
- 我们常常在她家聚会。

  우리는 자주 그녀의 집에서 모임을 한다.

"在"短语也可以做补语，其结构为：

'在'자구는 보어가 될 수도 있는데, 그 구조는 아래와 같습니다.

> 主语 ＋ 动词 ＋ "在" ＋ 场所 ＋ (方位词)
> 주어 ＋ 동사 ＋ '在' ＋ 장소 ＋ (방위사)

- 书放在桌子上。　책은 탁자 위에 놓여 있다.
- 几盆花摆放在窗台上。　화분 몇 개가 창턱에 놓여 있다.
- 一对恋人牵着手走在海边。

　연인 한 쌍이 손을 잡고 해변에서 걷고 있다.
- 我住在学校附近。　나는 학교 부근에 살고 있다.

"在"用作补语的时候，常用于"把"字句中。

'在'는 보어로 사용될 때, '把'자문 속에 자주 쓰입니다.

- 爸爸把手机丢在车上了。　아빠는 휴대폰을 차에 놓고 내렸다.
- 我把你的书放在家里了。　나는 당신의 책을 집에 두었다.

"在"字短语也可以表示时间或情况。

'在'자구는 시간 혹은 상황도 표현할 수 있습니다.

事情发生在去年。　일은 작년에 발생하였다.

在这种情况下……　이러한 상황하에서……

在同学的帮助下……　급우들의 도움하에서……

(3) 做副词表进行，其句型结构为：

진행을 표시할 때, 그 문형구조는 다음과 같습니다.

> 名词性词语 ＋ "在" ＋ 动词性词语 ＋ (其他成分)
> 명사성 단어 ＋ '在' ＋ 동사성 단어 ＋ (기타 성분)

- 他们在唱歌, 我们在跳舞。

  그는 노래를 부르고 있고, 우리는 춤을 추고 있다.

- 我们上课的时候, 外面的工人在修空调。

  우리가 수업을 할 때에, 밖의 일꾼은 에어컨을 수리하고 있다.

5-3. 根据所给的词语, 用"在"字组句, 并判断句中"在"的词类

주어진 단어에 근거해서 '在'자를 사용해서 문장을 조합하고, 문장 중의 '在'의 품사를 판단하시오

---

① 韩老师　家

② 老师　接电话

③ 你　把　钱　放　信封里

④ 我　坐　爸爸和妈妈　中间

⑤ 你　干什么

⑥ 我　妈妈　准备　晚饭

3 兼语句 겸어문

　兼语句的谓语是由一个动宾短语和一个主谓短语套在一起构成的, 前一个短语的宾语是后一个短语的主语。

겸어문의 술어는 한 개의 술목구과 한 개의 주술구가 함께 묶여져 구성된 것이고, 앞에 구의 목적어는 뒤에 구의 주어입니다.

- 我请他来。 내가 그를 오도록 청합니다.

兼语句的第一个动词通常是：使、让、叫、派、请、命令、要求、劝等。
겸어문의 첫 번째 동사는 통상적으로 '使, 让, 叫, 派, 请, 命令, 要求, 劝' 등입니다.
否定时通常在第一个动词前加否定词。如：
부정문은 통상적으로 첫번째 동사 앞에 부정사를 붙입니다.

- 老师不让我提前回家。
  선생님께서는 내가 미리 집에 돌아가게 하지 않으셨다.

5-4. 完成句子 문장을 완성하시오.

① 我　派　公司　留学　去　中国

② 人　明智　读书　让

③ 我　这　高兴　让　更　了

④ 老师　作业　让　交　我

⑤ 엄마는 나 빨리 자래.

---

⑥ 우리 아빠는 내가 해외로 유학 가는 걸 말리셔.

八. 词汇要点 어휘 포인트

1 在 有 是

(1) 这三个词都可以表示存在。 이 세 단어는 모두 존재를 표시할 수 있습니다.

- 图书馆在教学楼的前面。 도서관은 교육동의 앞에 있다.
- 学校里有银行。 학교 안에 은행이 있다.
- 图书馆楼后面是教学楼。 도서관동 뒤는 교육동이다.

(2) 那么这三种句型的差异在哪里？ 그러면 이 세 가지 문형의 차이는 어디에 있을까요?

    a. 句型语顺不同。 어순이 다르다.
       (a) 장소 ＋ 有 ＋ 수량사 사람／사물
       (b) 장소 ＋ 是 ＋ 사람／사물
       (c) 사람／사물 ＋ 在 ＋ 장소

    b. 视点不同。 시점이 다르다.
    汉语的语序，新信息一般位于句末，旧信息位于句首。
    중국어의 어순에서, 새 정보는 일반적으로 문미에 위치하고 구정보
    는 문두에 위치합니다.

(a) 有字句 : 着重说明某个地方有什么, 对于说话者/听话者来说, 某个地方是已知的信息, 而存在什么则是未知的, 其宾语可能不是单一的。

'有'자문 : 어떤 장소에 무엇이 있다는 것을 중점적으로 설명하고, 말하는 사람이나 듣는 사람에게, 어떤 장소는 이미 알고 있는 정보이고, 무엇이 존재한다는 것은 아직 알지 못하는 것입니다. 그리고, 목적어는 단일한 것이 아닐 수 있습니다.

- 公司附近有什么 ?　회사 부근에는 무엇이 있습니까?
- 公司附近有几家银行。　회사 부근에는 은행이 몇 개 있습니다.

(b) 是字句 : 着重指出某个地方是不是这个, 宾语往往是单一的。

'是'자문 : 어떤 장소가 이것인지 아닌지를 중점적으로 가리키고, 목적어는 종종 단일한 것입니다.

- 公司前面是什么 ?　회사 앞은 무엇입니까?
- 公司前面是公园。　회사 앞은 공원입니다.

(c) 在字句 : 说明某个东西的位置, 某个物体/人物是已知信息, 而位置则是新信息。

'在'자문 : 어떤 물건의 위치를 설명하고, 어떤 물체/인물은 이미 아는 정보이며, 위치가 곧 새로운 정보입니다.

- 公司在哪儿 ?　회사는 어디입니까?
- 公司在公园附近。　회사는 공원 부근에 있습니다.

5-5. 试着用"有、是、在"来说明下图。

'有'자문, '是'자문과 '在'자문을 사용해서 아래 그림을 설명해 보시오.

_____

_____

九. 写作要点 작문 포인트

◆ 说明文的写作 설명문의 작문

在表达方式中，说明是一种最基本的表达方式。

설명은 가장 기본적인 표현방식 중의 하나입니다.

说明文是以说明为主要表达方式来解说事物、阐明事理而给人知识的文章体裁。

설명문은 사물을 설명하고, 이치를 기술하여 사람에게 지식을 전하는 문장 장르입니다.

说明文一般介绍事物的形状、构造、类别、关系、功能，解释事物的原理、含义、特点、演变等。它的实用性很强，包括广告、说明书、提要、提示、规则、章程、解说词等。

설명문은 일반적으로 사물의 형상, 구조, 종류, 관계, 기능을 소개하고, 사물의 원리, 함의, 특징, 연혁 등을 해석합니다. 설명문은 실용성이 매우 강하고, 광고, 설명서, 요약, 제시, 규칙, 장정, 해설문 등을 포함합니다.

说明文的特点是客观实用性，一般具有一定的知识性，所以它的语言平实客观，多叙述说明少修辞和感情渲染。语言准确简明，文字通俗浅显。

설명문의 특징은 객관적이고 실용적이며, 일반적으로 일정한 지식성을 갖추고 있어서, 그 언어가 평이·소박하고, 객관적이며, 서술과 설명이 많고, 수사와 감정이 과장됨이 적습니다. 언어가 정확하고 간명하며, 문자가 통속적이고 간단하고 명료합니다.

写说明文还要注意说明的顺序。有合理的顺序，文章才能条理清晰，让人看得明白。说明顺序一般有三种，即空间顺序、时间顺序、逻辑顺序。空间顺序一般有从上到下、从左到右、从前到后、从远到近等。时间顺序一般有从古到今、从过去到现在等。逻辑顺序有从现象到本质、从原因到结果、从主要到次要、从整体到部分、从概括到具体等。

설명문을 쓰려면 설명의 순서에 주의를 기울여야 합니다. 순서가 합리적이어야, 문장이 조리있고 분명해져서, 읽는 사람이 알아볼 수 있습니다. 설명순서는 일반적으로 3가지 종류가 있는데, 즉 공간순서·시간순서·논리순서입니다. 공간순서는 일반적으로 위에서 아래, 좌에서 우, 앞에서 뒤, 먼 데에서 가까운 데로의 순서 등이 있습니다. 시간순서는 일반적으로 고대에서 현대, 과거에서 현재로의 순서 등이 있습니다. 논리 순서에는 현상에서 본질, 원인에서 결과, 주요한 것에서 부차적인 것, 전체에서 부분, 개괄에서 구체적으로, 등의 순서가 있습니다.

十. 句型练习 문형 연습

1 "在"字短语做补语 '在'자구 보어로 작문하기

我经常坐在那里看书写作业。

你把风衣挂在衣柜里。

他出生在中国北京。

我们兴致勃勃地走在大街上。

2 兼语句 겸어문으로 작문하기

它们让我心情愉快。

爸爸叫你过来一趟。

这件事使我们很难过。

公司派我去中国出差。

3 "是"字存现句 '是'자 존재문으로 작문하기

床的对面是书桌。

教学楼的旁边是体育馆。

我前面坐的是小李。

公司一楼是休息室。

4 "有"字存现句 '有'자 존재문으로 작문하기

教室里有很多学生。

在韩国有很多中国餐厅。

书架上有一本汉语词典。

今天家里没有人。

十一. 思考与写作练习 생각하고 작문하기

写一篇文章说明某个场所(学校、家、公园等)。题目自拟，字数不限。

한 장소를 소개하는 글을 쓰세요.(학교, 집, 공원 등). 제목은 스스로 정함. 글자 수 제한없음.

第六课 一位老师

제6과 선생님 한 분

一. 主题：学会如何描写一个人和叙述一件事

　　주제：어떻게 한 사람을 묘사하고 한 사건을 서술하는가를 배웁니다

二. 本课要点 이 과의 포인트

---

1. 学会如何描写一个人叙述一件事。

　　어떻게 사람을 묘사하고, 사건을 서술하는지를 알 수 있습니다.

2. 学习几种补语的用法(结果补语, 趋向补语)。

　　몇 종류의 보어의 용법(결과보어, 방향보어)을 학습합니다.

3. 了解动量词的用法。

　　동량사의 용법을 이해합니다.

4. 初步了解汉语"把"字句结构和用法。

　　중국어 '把'자문 구조와 용법을 기본적으로 이해합니다.

5. 写作要点：了解段落。

작문 포인트 : 문단을 이해합니다.

6. **学会写人或叙事的方法。**

사람이나 사물을 서술하는 방법을 배웁니다.

1. 对你来说, 有没有难忘的人?

당신에게, 잊을 수 없는 사람이 있습니까?

2. 对你影响最大的老师是谁?

당신에게 영향이 가장 컸던 선생님은 누구입니까?

一位老师--怀特森先生

怀特森先生教我们六年级的科学课, 他看上去很普通, 经常穿着一件长外套。第一堂课上, 他给我们讲了一种叫做凯蒂旺普斯的动物, 这种动物我们都是第一次听到, 他还从桌子下面拿出一块动物头骨, 向我们描述起这种动物的特征来。讲完, 他把头骨交给前排的同学, 让大家轮流观察一下。我们兴趣盎然地传看着, 有的同学记笔记, 有的同学还画了图。我心中暗想, 这回我遇到一位博学的老师了。

第二天，怀特森老师对上次讲的内容进行了测验，我胸有成竹地答好了卷子交给老师。过了一天，老师把试卷还给我时，我惊呆了，我的成绩竟然是零分！一定有什么地方弄错了！我是完完全全按照怀特森先生所说的写的呀。接着我意识到班里的每个人都不及格。到底怎么回事？

"很简单。"怀特森先生解释说："有关凯蒂旺普斯的一切都是我编造出来的。这种动物从来没有存在过。所以，你们记下的那些都是错的。难道错的答案也能得分吗？"不用说，我们都气坏了。这种测验算什么测验？这种老师算什么老师？

我们本该推断出来的。毕竟，我们传递凯蒂旺普斯的头骨(其实那是猫的头骨)时，他不是告诉过我们有关这种动物的一切都没有遗留下来吗？怀特森先生描述了它惊人的夜间视力，它皮毛的颜色，还有许多他根本不可能知道的事实，他还给这种动物起了个可笑的名字，可我们一点都没有起疑心。

他说要把我们试卷上的零分登记在他的成绩记录簿上。他也真那么做了。怀特森先生说他希望我们从这件事当中学到点什么。课本和老师都不是一贯正确的。事实上没有人一贯正确，要学会怀疑，学会自己思考和自己判断。

到现在，我从来没做出过什么重大的科学发现，但我和我的同学们从怀特森先生那里得到了一样重要的东西，一种正视着某个人的眼睛，告诉他他错了的勇气。怀特森先生还让我们知道，怀疑的精神以及独立思考和探索真理的勇气何其珍贵。

----原作者大卫·欧文，根据人民教育出版社六年级下册语文教科书改编

五. 生词 새 단어

□ 科学	[kēxué]	[명사, 형용사] 과학(적이다).
□ 普通	[pǔtōng]	[형용사] 보통이다. 평범하다. 일반적이다.
□ 外套	[wàitào]	[명사] 외투. 오버코트(overcoat).
□ 头骨	[tóugǔ]	[명사] [생물] 두골. 머리뼈.
□ 描述	[miáoshù]	[동사] (언어·문자로써) 묘사하다. 기술[서술]하다. 그리다. 그려 내다.
□ 特征	[tèzhēng]	[명사] 특징.
□ 轮流	[lúnliú]	[동사] 차례로[교대로·돌아가면서·번갈아] …하다.
□ 观察	[guānchá]	[동사] (사물·현상을) 관찰하다. 살피다.
□ 盎然	[àngrán]	[형용사] (흥미·분위기가) 차고 넘치다. 진진하다.
□ 暗想	[ànxiǎng]	[동사] 속으로 생각하다. 남몰래 강구하다.
□ 博学	[bóxué]	[형용사] 박식하다. 박학하다.
□ 进行	[jìnxíng]	[동사] 앞으로 나아가다. 전진하다. 행진하다. 진행하다.
□ 测验	[cèyàn]	[동사] 시험하다. 테스트하다.
□ 胸有成竹	[xiōngyǒuchéngzhú]	[성어, 비유] 일을 하기 전에 이미 모든 준비가 되어 있다.
□ 惊呆	[jīngdāi]	[동사] 놀라 얼이 빠지다[어리둥절하다]. 경악하다.
□ 竟然	[jìngrán]	[부사] 뜻밖에도. 의외로. 상상 외로. 놀랍게도.
□ 接着	[jiēzhe]	[부사] 이어서. 연이어. 잇따라. 계속하여. 연속하여. 뒤따라. 뒤이어.
□ 意识	[yìshí]	[동사] (객관 물질 세계에 대한 반영으로서) 의식하다.
□ 及格	[jígé]	[동사] 합격하다.
□ 到底	[dàodǐ]	[부사] 도대체. [의문문에 쓰여 깊이 따지는 것을 나타냄]

□ 编造	[biānzào]	[동사] 꾸미다. 창작하다. 허구로 만들다.
□ 算	[suàn]	[동사] 따지다. 추측하다. …라고 생각하다.
□ 推断	[tuīduàn]	[동사] 추단하다. 미루어 판단하다. 추리하고 판단 하다.
□ 遗留	[yíliú]	[동사] 남겨 놓다. 남기다. 남아 있다.
□ 疑心	[yíxīn]	[명사] 의심. 의혹(疑惑). 의아(疑讶). 의구(疑惧).
□ 起疑心	[qǐyíxīn]	의심이 생기다.
□ 记录簿	[jìlùbù]	기록부.
□ 一贯	[yíguàn]	[형용사] (사상·태도·정책 등이) 한결같다. 일관되 다. 변함없다.
□ 怀疑	[huáiyí]	[동사] 의심하다. 의심을 품다. 회의하다.
□ 精神	[jīngshén]	[명사] 정신.
□ 探索	[tànsuǒ]	[동사] 탐색[탐구]하다. 찾다.
□ 珍贵	[zhēnguì]	[형용사] 진귀하다. 귀중하다.

六. 课堂练习 본문 연습

1 根据课文回答问题 본문에 근거해서 질문에 대답하시오.

① 作者当时几年级？

② 怀特森先生教什么科目？

③ 第一堂课，怀特森先生教他们什么动物？

④ 学生们都听说过这种动物吗？

⑤ 第一堂课，怀特森先生给作者留下了什么印象？

⑥ 第二天测验时，作者有信心吗？

⑦ 作者测验的成绩怎么样？

⑧ 为什么班上的同学都不及格？

⑨ 怀特森先生想告诉学生们什么？

⑩ 你对怀特森先生的做法怎么看？

2 选择填空 단어를 선택하여 빈 칸을 채우시오

> 出　到　起　完　给　来

他还从桌子下面拿＿＿一个动物头骨，向我们描述＿＿这种动物的特征＿＿。讲＿＿，他把头骨交＿＿前排的同学，让大家轮流观察一下。我们兴趣盎然地传看着，有的同学记笔记，有的同学还画了图。我心中暗想，这回我遇＿＿一位博学的老师了。

3 用不超过100字的一段话概括本文的大意
　　100자를 넘지 않게 본문의 주요내용을 요약하시오

> 科学　第一次　第二天　看到　学到　怀疑　独立思考

4 和周围的人谈谈你印象深的一位老师或一件事情

　　인상 깊었던 한 분의 선생님 혹은 한 사건에 대해 주위 사람과 이야기해 보시오

七. 语法要点 어법 포인트

1 按意义和结构特点，汉语补语可分为七种：

　　结果补语、趋向补语、可能补语、情态补语、程度补语、数量补语、介词补语。

　　의미와 구조특징에 따라, 중국어 보어는 결과보어, 방향보어, 가능보어, 양태보어, 정도보어, 수량보어, 전치사보어 등 7가지로 나눌 수 있습니다.

　　(1) 结果补语 결과보어

　　结果补语主要表示动作或状态的结果－－引起动作者或动作受事的状态发生变化，有些结果补语表示对动作的评价、判断。结果补语一般由动词和形容词充任。

　　결과보어는 주로 동작이나 상태의 결과(동작자나 동작의 대상의 상태 발생변화를 야기함)를 표시하는데, 어떤 결과보어들은 동작에 대한 평가, 판단을 표시합니다. 결과보어는 일반적으로 동사와 형용사가 역할을 맡습니다.

　　　●我写完了作业。　나는 숙제를 다 했다.
　　　●黑板上的字我看清楚了。　칠판에 있는 글자를 나는 분명히 봤다.

当叙述由于一个动作或状态引起(或将引起)某种具体结果时, 就应该用结果补语。

동작이나 상태로 인해서 어떤 구체적인 결과가 야기되거나 야기되려고 함을 서술할 때에, 결과보어를 사용해야 합니다.

结果补语与表示动作发生或状态出现的动态助词"了"的功能不同。动态助词"了"只表示动作的发生或状态的出现, 而结果补语表示动作产生的某种具体的结果。因此应该用结果补语时, 如果用"了"代替, 所表达的意思就不够明确。

결과보어와 동태조사 '了'의 기능은 다릅니다. 동태조사 '了'는 단지 동작의 발생이나 상태의 출현만을 표시하고, 결과보어는 동작이 야기하는 어떤 구체적인 결과를 표시합니다. 그래서 결과보어를 사용해야 할 때에, 만약 '了'로 대체를 하면, 그 의미는 명확하지 않습니다.

- 他吃了。　　그는 먹었다.
- 他吃饱了。　그는 배부르게 먹었다.
- 他吃少了。　그는 적게 먹었다.
- 他吃撑了。　그는 배터지게 먹었다.
- 他吃好了。　그는 잘 먹었다.

a. 结果补语的否定形式 : 由于结果补语表示动作或变化是否有结果, 所以其否定形式一般用"没"。否定结果补语时, 要把"没"放在谓语动词(或形容词)的前面。"没 + 动作 + 补语"表示动作没取得某种结果。只有在假设条件句中, 结果补语采用"不"来否定。

결과보어의 부정형식 : 결과보어는 동작이나 변화가 결과가 있는지를 표시하기 때문에, 그 부정형식은 일반적으로 '没'을 사용합니다. 결과보어를 부정할 때에, '没'을 술어동사(혹은 형용사)의 앞에 놓아야 합니다. '没 + 동작 + 보어'는 동작이 어떤 결과를 얻지 못했음을 표시합니다. 가설조건문 중에서만, 결과보어는 '不'를 사용해서 부정을 합니다.

- 他没做完作业。 그는 숙제를 다 하지 않았다.
- 你不做完作业就不能去看电影。

  너는 숙제를 다 하지 않으면 영화를 보러 갈 수 없다.

b. 充任结果补语的词 : 결과보어가 되는 단어

只有形容词和动词可以作结果补语。口语中常用的单音节形容词一般都可以作结果补语，部分口语中常用的双音节形容词也能作补语。动词可以作结果补语的较少，常见的有：见、成、懂、走、跑、哭、笑、往、掉、着、完、翻、倒、作、死、透、丢、到等。

형용사와 동사만이 결과보어가 될 수 있습니다. 구어에서 자주 사용하는 단음절 형용사는 일반적으로 모두 결과보어가 될 수 있습니다. 일부의 구어 중에서 자주 사용하는 쌍음절 형용사도 보어가 될 수 있습니다. 동사 중에 결과보어가 될 수 있는 것은 비교적 적습니다. 자주 보이는 것에는 '见, 成, 懂, 走, 跑, 哭, 笑, 往, 掉, 着, 完, 翻, 倒, 作, 死, 透, 丢, 到' 등이 있습니다.

6-1. 结果补语填空 알맞은 결과보어를 채워 넣으세요

① 如果要学＿＿＿＿汉语，就得认真听课。

② 你看＿＿＿＿李宇了吗？

③ 今天听写，你有两个字写＿＿＿＿了。

④ 我已经准备＿＿＿＿了，咱们出发吧。

⑤ 已经十点了，可是我的作业还没写＿＿＿＿。

⑥ 超市里的水果都卖＿＿＿＿了。

⑦ 昨天我收＿＿朋友写给我的信了。

⑧ 不下雨了，把窗户打＿＿＿。

(2) 趋向补语 방향보어

　趋向补语共有28个，是指用在动词后由表示趋向的动词"来、去、上、下、进、出、回、过、起、开、到"以及由"来、去"和"上、下、进、出等"组成的"上来、上去、下来、下去、进来、进去、回来、回去、过来、过去、起来、开来、开去、到……来、到……去"等充任的补语。"来、去、上、下等"叫简单趋向补语，"上来、上去、下来、下去等"叫夏合趋向补语。某些夏合趋向补语也可用在形容词后。

　방향보어는 모두 28개인데, 동사 뒤에 쓰여서 방향을 표시하는 동사 '来, 去, 上, 下, 进, 出, 回, 过, 起, 开, 到' 및 '来, 去'와 '上, 下, 进, 出……' 등으로 구성된 '上来, 上去, 下来, 下去, 进来, 进去, 回来, 回去, 过来, 过去, 起来, 开来, 开去, 到……来, 到……去' 등이 있습니다. '来, 去, 上, 下……'는 단순방향보어라고 부르고, '上来, 上去, 下来, 下去……'는 복합방향보어라고 부릅니다. 어떤 복합방향보어는 형용사 뒤에 쓸 수 있습니다.

　a. 趋向补语的语法意义 : 방향보어의 문법의미

(a) 趋向意义 : 방향의미

　趋向意义是趋向补语的基本意义，也就是趋向动词本身所表示的意义，即方向意义。趋向补语的趋向意义表示人或物体通过动作以后，在空间位置移动的结果。"来、去"和包含"来、去"的夏合趋向补语都有立足点的问题，确定立足点的方法主要看说话人的位置所在。

　동작의 방향을 나타내는 것이 방향보어의 가장 기본적인 의미인데, 즉 방향동사 자체가 나타내는 의미, 즉 방향의미입니다. 방향보어의 방향의미는 사람이나 물체가 동작을 통해, 공간에서 이동한 결과입니다. '来, 去'와 '来, 去'를 포함하는 복합방향보어는 모두 기준점의 문제를 가지고 있는데, 기준점을 확정하는 방법은 주로 발화자의 위치가 있는 곳을 보아야 합니다.

- 一个女孩进来了。　한 여자아이가 들어왔다.
- 他迅速地跑过去了。　그는 신속하게 뛰어갔다.
- 他把书拿出来了。　그는 책을 꺼냈다.

(b) 结果意义 :

趋向补语有时不表示方向，而表示动作有结果或达到了目的。大部分趋向补语有结果意义，而且有的趋向补语的结果意义不止一个。

　방향보어는 때로 방향을 표시하지 않고, 동작이 결과가 있거나 목적에 도달했음을 표시합니다. 대부분의 방향보어는 결과가 있고, 또 일부 방향보어의 결과의미는 하나만이 아닙니다.

- 老师的话我都记下来了。
  선생님의 말씀을 나는 모두 기억[기록]했습니다.
- 只要你说出来，我们就会相信你的。
  네가 말을 하기만 한다면, 우리는 너를 믿을 것이다.

　结果补语后面带宾语时，如果宾语是一般的人或物时，既可以在"来、去"之前，也可以放在"来、去"之后 ; 如果宾语是表示场所的名词时，则一定要在"来、去"之前。

　결과보어 뒤에 목적어를 가질 때에, 만약에 목적어가 일반적인 사람 혹은 사물일 때에는, '来, 去'의 앞에 놓을 수도 있고, '来, 去' 뒤에 놓을 수도 있다. 만약에 목적어가 장소를 표시할 때에는 반드시 '来, 去'의 앞에 놓여야 한다.

我带去一把雨伞。　나는 우산을 하나 가지고 갑니다.
我明天带回国去。　나는 내일 가지고 귀국합니다.

6-2. 趋向补语练习 아래 문장 중에 방향보어를 찾아서 번역하시오

① 他上去了。

② 他们走过去了。

③ 朋友跑下楼来。

④ 我把这个玩具给你拿过来。

⑤ 他回学校去了。

⑥ 他把最后一杯酒喝了下去。

⑦ 现在快把照片收起来。

⑧ 刚刚走进来一个人。

⑨ 我爱上他了。

⑩ 大家都忙起来了。

八. 词汇要点 어휘 포인트

1 动量词的用法 동량사의 용법

동양사는 동작의 횟수를 나타내는 양사로 동사 뒤에 위치하여 동량보어 역할을 합니다.

> 주어 + 동사 + (목적어) + 동량사 + (목적어)

자주 사용하는 동량사는 次、顿、回、趟、遍、下、场 등입니다.

- 我去过一次日本。 나는 일본에 한번 갔었다.
- 周六还得去趟朋友家。 토요일에 나는 친구 집에 한 번 다녀와야 한다.
- 这部电影我看了好多遍。 이 영화를 나는 여러 번 봤다.
- 你听一下。 너 좀 들어봐.

(1) 次：是最基本的量词，也是使用频度最高的量词。

　　가장 기본적인 양사이고, 사용빈도가 가장 높은 양사이기도 합니다.

(2) 趟：是指往返一次。

　　한 번 왕복하는 것을 가리킵니다.

(3) 遍：有明显的开始和结束。

　　분명한 시작과 끝이 있습니다.

(4) 下：一般指动作行为比较短，也可以带尝试意义。

　　일반적으로 동작 행위가 비교적 짧다는 것을 가리키고, 시험해 보는 의미를 가

　　질 수도 있습니다.

(5) 场：有时间段，有经过的动作行为，可以指自然界的现象。经常用于文艺演出或体育比赛等。

시간구간이 있고, 경과가 있어서 자연계의 현상을 가리킬 수 있습니다. 문예연출 혹은 체육경기 등에 사용할 수 있습니다.

6-3. 选择填空 단어를 선택하여 빈 칸을 채우시오

趟　次　场　遍

① 昨天我给你打了几＿＿＿电话。

② 这本书我已经看了几＿＿＿。

③ 今天上午首尔下了第一＿＿＿雪。

④ 你可以来一＿＿＿我的办公室吗？

九. 写作要点 작문 포인트

一篇文章，按照不同的线索，会分成一些段落。分段的依据有以下几种：

글은 서로 다른 실마리에 따라 문단으로 나뉠 수 있습니다. 문단을 나누는 근거는 다음 몇 가지가 있습니다.

1. 按时间先后顺序分段。

　시간의 선후 순서에 따라 문단을 나눕니다.

2. 按照事情的发展顺序来划分段落。

사건의 발전순서에 따라 문단을 나눌 수 있습니다.

3. 按空间变换顺序分段。

공간의 변환순서에 따라 문단을 나눕니다.

4. 按事物的不同方面分段、分层内容性质的不同分段。

내용성질의 차이에 따라 문단을 나눕니다.

5. 按总起分述的办法分段。

'문두개괄-구체사례'의 방법에 따라 문단을 구분합니다.

6-4. 排序练习 a에서 f까지의 문장을 순서대로 배열하시오

a. 那天晚上, 父亲和母亲又高兴又发愁, 家里没钱怎么让两个孩子都去读书?

b. 我握着那张字条,失声痛哭。

c. 没想到第二天天还没亮, 弟弟就偷偷带了几件破衣服和吃的东西就走了, 只在我枕边留下一个纸条：姐,你别愁了, 考上大学不容易, 我出去打工供你。弟。

d. 我安慰弟弟说,你得念下去, 不念书就一辈子走不出这穷山沟了。弟弟看着我, 点点头。当时其实我已经决定放弃上学的机会了。

e. 弟弟看父母发愁, 就走到父亲面前说, 爸, 我不想念了, 反正也已经念够了。父亲打了弟弟, 说：“你怎就这么没出息？我一定让你们姐俩都读书”。说完就出去借钱了。

f. 弟弟中学毕业那年, 考上了重点高中。同时我也接到了大学的录取通知书。

답: _____

十. 句型练习 문형 연습

1 把字句中的结果补语 결과보어를 포함한 '把'자문으로 작문하기

我把蛋糕吃完了。

他们把书都整理好了。

孩子们把妈妈做的饭都吃光了。

我把你说的那部电影找着了。

---

2 趋向补语表示动作方向造句 동작방향을 나타나는 방향보어로 작문하기

听见妈妈叫我，我马上走下楼。

请你们关上门。

爸爸把行李搬出了房间。

他小心地抱起孩子。

---

3 趋向补语表示结果意义 결과의미를 나타나는 방향보어로 작문하기

请大家安静下来。

我爱上了他。

汉语我要坚持学下去。

说起来容易，做起来难。

---

4 动量补语 동량보어로 작문하기

这个问题我们讨论过三次。

请把课文从头念一遍。

请等一下儿。

老师批评了我们一顿。

十一. 思考与写作练习 생각하고 작문하기

1. 生活中，有些人有些事可能给你留下了很深的印象，试着把你的
   感受传达给别人。

   삶 속에서 어떤 사람들이나 사건들이 당신에게 깊은 인상을 남겼을 수 있
   습니다. 그 때의 당신의 느낌을 다른 사람에게 전해 보세요.

2. 无论写人或者写事，必须考虑文章的详略安排，哪些地方需要重
   点叙述，哪些地方可以简单提过，突出这个人的主要特点或者事
   件的重要部分。

   사람에 대해서 쓰든지, 사물에 대해 쓰든지, 어떤 부분을 중점적으로 서술
   해야 하고, 어느 부분은 간단히 언급해도 되는지를 고려해서, 즉 문장의
   상세와 간략의 안배를 고려해서, 사람의 주요 특징이나 사건의 중요 부분
   을 두드러지게 해야 합니다.

3. 注意分段，可以根据时间，也可根据事件发生的顺序等等。

   시간의 순서에 근거하든지, 사건발생의 순서에 근거하든지, 문단의 구분에
   유의해야 합니다.

描述某个人物，着重叙写某一事件。

한 인물에 대해 묘사·기술하되, 어떤 한 사건을 가지고 중점적으로 서술해 보세요.

一位 _____

第七课 大学生打工弊大于利

제7과 대학생 아르바이트 단점이 장점보다 많다

一. "大学生打工弊大于利" 대학생 아르바이트 단점이 장점보다 많다

主题 : 学会如何对某件事情阐述自己的看法。

주제 : 어떻게 어떤 사건에 대해 자신의 견해를 진술하는지 알 수 있습니다.

二. 本课要点 이 과의 포인트

1. 学会对某个话题表达个人的意见和看法。

   어떤 주제에 대해 개인의 의견과 견해를 표현할 수 있습니다.

2. 了解汉语各种补语的用法。

   중국어의 각종 보어의 용법을 이해할 수 있습니다.

3. 常用词汇"不见得"、"谈不上"等辨析。

   상용 어휘 '不见得', '谈不上' 등을 구분하고 분석합니다.

4. 了解一些常用成语的学习和运用。

일부 상용 성어의 학습과 운용을 이해합니다.

5. 写作要点：议论文和归纳段意。

작문 포인트 : 논설문과 문단의 내용 요약하기.

三. 导入：想一想，说一说 도입 : 생각해 보고, 말해 보시오

1. 你在大学期间打过工吗？

대학 다니는 동안에 아르바이트를 한 적이 있습니까?

2. 你觉得大学生打工有什么好处？

대학생이 아르바이트를 하면 어떤 좋은 점이 있다고 생각합니까?

四. 范文讨论与学习 본문 토론과 학습

大学生打工弊大于利

　　大学生在学习之外，业余兼职打工已经是一种普遍现象。很多学生在学习之外，走出校门，从事多种工作，比如干计时工，做家庭教师，跑推销业务，当导游小姐等等。很多人认为大学生打工既能赚到零花钱，又能提前接触社会，还可以锻炼自己的能力，是一件值得推广的事情。但在我看来，大学生兼职弊大于利。理由如下：

　　요약 : _____

首先作为一名学生，学习永远都是第一位的，其他的都是次要的，都是为了学习而服务的。而兼职必然会占去学生们很多的时间，另外也消耗许多精力和体力。有些学生，晚上打工，白天上课的时候睡觉，考试的时候一道题都答不上来，上了四年大学，连自己的专业知识都掌握不好，还算得上是一个合格的大学生吗？这样做是得不偿失的。人生每个阶段都有不同的重点，而大学生的主要任务应该是学好专业课。

요약 : _____

其次，大学生打工往往从事单纯的体力劳动，和自己的专业或者未来的职业基本上没多大关系，这既是一种人才资源的浪费，也谈不上锻炼了能力。现代社会竞争激烈，需要综合型的人才，也就是说既具有很棒的专业知识，又具有多种实践能力的人才。如果谈起专业知识一问三不知，呆若木鸡，这样的"人才"以后怎么找得到好工作？

요약 : _____

最后，有人说兼职可以赚零花钱，减轻父母的负担，其实不见得。打工一般工资都很低，往往是用成绩单的红灯来换取几张有限的钞票，甚至连几张有限的钞票都换不来，这种赔了夫人又折兵的方法是万万不可的。相反，如果努力认真学习，拿到的奖学金比打工赚的钱要多多了，这样一来，才是一举两得，真正减轻了父母的负担。

요약 : _____

综上所述，我认为大学生的兼职弊大于利。作为学生，大学期间应该专心学习，这样将来才可以更好地回报父母，回馈社会，成为一个社会和时代最需要的人才。

요약 : _____

五. 生词 새 단어

□ 弊	[bì]	[명사] 문제점. 폐단. 폐해. 해(害).
□ 利	[lì]	[명사] 이로움. 이익. 좋은 점.
□ 兼职	[jiānzhí]	[동사] 겸직하다.
□ 打工	[dǎgōng]	[동사] 아르바이트하다. 일하다. 노동하다.
□ 普遍	[pǔbiàn]	[형용사] 보편적인. 일반적인. 전면적인. 널리 퍼져 있는.
□ 从事	[cóngshì]	[동사] 종사하다. 몸담다.
□ 推销	[tuīxiāo]	[동사] 판로를 확장하다[넓히다]. (어떠한 제품을) 마케팅 하다. 널리 팔다. 내다 팔다.
□ 业务	[yèwù]	[명사] 업무.
□ 计时工	[jìshí gōng]	시간제 노동자.
□ 赚	[zhuàn]	[동사] (돈을) 벌다.
□ 零花钱	[línghuāqián]	[명사] 용돈. 사소한 비용.
□ 提前	[tíqián]	[동사] (예정된 시간·위치를) 앞당기다.
□ 接触	[jiēchù]	[동사] 닿다. 접촉하다.
□ 锻炼	[duànliàn]	[동사] (일의 능력이나 마음을) 단련하다.
□ 值得	[zhídé]	[동사] 값에 상응하다. 값이 맞다. 값이 …할 만하다. …할 만한 가치가 있다.
□ 推广	[tuīguǎng]	[동사] 널리 보급[확대·확충]하다. 일반화하다.
□ 次要	[cìyào]	[형용사] 부차적인. 이차적인. 다음으로 중요한. ↔ [首要(shǒuyào), 主要(zhǔyào)]
□ 必然	[bìrán]	[부사] 분명히. 반드시. 꼭. 필연적으로.
□ 消耗	[xiāohào]	[동사] (정신·힘·물자 등을) 소모하다.
□ 精力	[jīnglì]	[명사] 정력. 정신과 체력.
□ 体力	[tǐlì]	[명사] 체력. 힘.

□ 专业	[zhuānyè]	[명사] [교육] 전공.
□ 掌握	[zhǎngwò]	[동사] 숙달하다. 정통하다. 파악하다. 정복하다.
□ 得不偿失	[débùchángshī]	[성어] 얻는 것보다 잃는 것이 더 많다.
□ 单纯	[dānchún]	[형용사] 단순하다.
□ 资源	[zīyuán]	[명사] 자원.
□ 浪费	[làngfèi]	[동사] 낭비하다. 허비하다. 헛되이 쓰다.
□ 激烈	[jīliè]	[형용사] (동작·말이) 격렬하다. 치열하다. 극렬하다. 맹렬하다.
□ 综合性	[zōnghéxìng]	총괄적.
□ 实践	[shíjiàn]	[명사] [철학] 실천. 실행. 이행.
□ 一问三不知	[yíwènsānbùzhī]	[속담] 절대로 모른 체하다. 시치미를 뚝 떼다.
□ 呆若木鸡	[dāiruòmùjī]	[성어] 나무로 깎아 만든 닭처럼 멍하다.
□ 报酬	[bàochou]	[명사] 보수. 대가. 수당. 사례금.
□ 减轻	[jiǎnqīng]	[동사] (수량·중량이) 경감하다. 줄다. 감소하다. (정도가) 내려가다. 낮아지다. 하락하다. 저하하다.
□ 红灯	[hóngdēng]	[명사] 붉은 등(롱).
□ 钞票	[chāopiào]	지폐. 돈.
□ 赔了夫人又折兵	[péilefūrenyòuzhébīng]	[성어] 부인을 잃고 병사마저 잃다. 이중으로 손해를 보다.
□ 一举两得	[yìjǔliǎngdé]	[성어] 일거양득. 일석이조.
□ 回报	[huíbào]	[동사] (행동으로) 보답하다.
□ 回馈	[huíkuì]	[동사] 보답하다.

六. 课堂练习 본문 연습

1 根据课文回答问题 본문에 근거해서 질문에 답하시오

① 兼职是什么意思？

② 现在大学生兼职的多吗？

③ 为什么有人觉得大学生兼职是一件值得推广的事情？

④ 作者同意这种看法吗？

⑤ 作者认为，作为大学生，首要任务是什么？

⑥ 作者认为大学生兼职一般都是哪些工作？

⑦ 作者认为这些兼职对毕业后找工作有帮助吗？

⑧ 作者认为大学生兼职能赚得到很多钱吗？

⑨ 作者认为怎么样才是一举两得的做法呢？

⑩ 作者为什么不赞同大学生打工？

2 选择填空 적당한 단어를 선택하여 빈 칸을 채우시오

①

推广　　赚到　　锻炼　　接触

很多人认为大学生打工既能＿＿零花钱，又能提前＿＿社会，还可以＿＿
自己的能力，是一件值得＿＿的事情。

②

得不偿失　　打工　　不好　　上来　　睡觉

有些学生晚上＿＿，白天上课的时候＿＿，考试的时候一道题都答不＿＿，
连自己的专业知识都掌握＿＿，还算是一个合格的大学生吗？这样做是
＿＿＿的。

3 用不超过30字的一段话概括每一段的大意
　　30자가 넘지 않는 말로 매 문단의 내용을 종합하시오

4 和周围的人谈谈你对大学生打工的看法

대학생 아르바이트에 대해서 주위 사람과 이야기해 보시오

七. 语法要点 어법 포인트

---

1 补语 보어

按意义和结构特点，汉语补语可分为七种：

의의와 구조 특징에 따라 중국어보어는 7종류로 나뉠 수 있습니다.

> 结果补语、趋向补语、可能补语、情态补语、
> 程度补语、数量补语、介词短语补语
> 결과보어, 방향보어, 가능보어, 양태보어, 수량보어, 전치사구보어

(1) 情态补语 양태보어

情态补语主要补充说明动作的结果状态的补语，一般形式是动词后面加
"得"，有一部分形容词后面不加"得"。充当情态补语的一般是形容词。

양태보어는 주로 동작의 결과 상태를 보충설명하는 보어인데, 일반적인 형식은 동
사 뒤에 '得'를 붙이는 것이고, 일부 형용사 뒤에는 '得'를 붙이지 않습니다. 양태보어
가 되는 것은 일반적으로 형용사입니다.

> 주어 + 동사 + 得 + 情态补语(양태보어)

●他汉语学得很好。　그는 중국어를 잘 배웠다.

① 情态补语的否定形式 : 양태보어의 부정형식

"动作 + 得 + 不 + 情态补语"表示动作的进行或状态不到某种程度。
'동작 + 得 + 不 + 양태보어'는 동작의 진행이나 상태가 어떤 정도에 도달하
지 못했음을 표시합니다.

●这句话翻译得不对。　이 문장은 틀리게 번역했다.
●房间整理得不干净。　방은 깨끗하게 정리되지 않았다.

② 情态补语后面有名词做宾语时, 动词需要重夏出现。
양태보어 뒤에 목적어가 되는 명사가 있을 때에는, 동사는 중복해서 출현해야
합니다.

```
a. 主语 + 动词 + 宾语 + 动词 + 得 + 情态补语
   주어 + 동사 + 목적어 + 동사 + 得 + 양태보어
```

```
b. 主语 + 宾语 + 动词 + 得 + 情态补语
   주어 + 목적어 + 동사 + 得 + 양태보어
```

●朋友唱中国歌唱得很好听。
●朋友中国歌唱得很好听。
　친구는 중국노래를 듣기 좋게 잘 부른다.

(2) 程度补语 정도보어

程度补语从某种意义上是表示程度的，在形式上也有用"得"和不用"得"连接的两种。

정도보어는 정도를 나타내고, 형식상으로는 '得'를 사용하는 것과 '得'를 사용하지 않는 것, 두 가지가 있습니다.

- 他们父子俩像极了。　그들 부자는 둘이 매우 닮았다.

经常充任程度补语的词 : 대개 정도보어가 되는 보어의 단어

> 得多　极了　得不得了　死　要死　不行　坏

- 听说我找到一份好工作，父母高兴极了。

  내가 좋은 일자리 하나를 찾았다는 말을 듣고 부모님은 매우 기뻐하셨다.
- 看不到孩子，妈妈急得不得了。

  아이가 안 보여서, 엄마는 무척 초조해했다.
- 都晚上8点了，还没吃饭，我们都快饿死了。

  벌써 저녁 8시가 되었는데, 아직 밥을 안 먹어서, 우리는 모두 배고파 죽겠다.
- 今年冬天冷得要命。　올해 겨울은 추워 죽겠다.
- 这件事把他气坏了。　이 일은 그를 미치도록 화나게 했다.

(3) **可能补语 가능보어**

可能补语表示主客观条件是否允许某种结果发生，也就是"能"或"不能"。一般是在结果补语和趋向补语中间加"得"。否定的时候，则在结果补语或趋向补语中加"不"。

가능보어는 주·객관 조건이 어떤 결과가 발생하는 것을 허용하는지를 표시하는데, 즉, '할 수 있음'이나 '할 수 없음'을 표시합니다. 일반적으로는 결과보어와 방향보어 중간에

'得'를 붙입니다. 부정의 경우에는 결과보어나 방향보어 중에 '不'를 붙입니다.

做完 -- 做得完 -- 做不完
看清楚--看得清楚--看不清楚
拿出来--拿得出来--拿不出来
写下来--写得下来--写不下来

① 如果可能补语后面有宾语的时候，一般放在补语后面；如果宾语很长，一般放在句首：

만약에 가능보어 뒤에 목적어가 있다면, 일반적으로 보어 뒤에 놓습니다. 만약에 목적어가 길다면 일반적으로 문두에 놓습니다.

- 我看得见黑板上的字。　나는 칠판의 글자를 볼 수 있다.
- 我听不懂老师的话。　나는 선생님의 말을 알아듣지 못한다.
- 星期一我寄出去的信，周末收得到吗？
  월요일에 내가 부친 편지를 주말에 받아 볼 수 있습니까?

② 可能补语和能愿动词"可以"，"能"的意义不同。在表示情理上许可的时候，能用"能"，但不能用可能补语。

가능보어와 능원동사 '可以', '能'의 의미는 서로 다릅니다. 도리상 허가를 표시하는 경우, '能'을 쓸 수 있지만, 가능보어를 사용할 수 없습니다.

- 你发烧了，不能出去。　너는 열이 나니, 나갈 수 없다.
- 你发烧了，出不去。(✕)

③ 可能补语和情态补语的区别 가능보어와 양태보어의 구별

肯定形式的差异 긍정형의 차이

可能补语的前面不能加程度副词。

가능보어 : 형용사 앞에 정도부사를 넣지 않습니다.

• 写得清楚　(능력)분명하게 쓸 수 있다.

情态补语的前面可以加修饰用的副词。

양태보어 : 형용사 앞에 부사로 수식할 때가 있습니다.

• 写得很清楚　매우 분명하게 썼다.

否定形式的差异 부정형의 차이

可能补语的否定形式是 : 动词 + 不 + 补语

가능보어 부정형 : 동사 + 不 + 보어

• 写不好　잘 쓸 수 없다.

情态补语的否定式 : 动词 + 得 + 不 + 补语

양태보어 부정형 : 동사 + 得 + 不 + 보어

• 写得不好　잘 쓰지 못한다.

④ 常用的可能补语对比 : 자주 쓰는 가능보어 대비

• 吃得惯–吃不惯 먹어 버릇하다–먹어 버릇하지 않다, 입에 맞지 않다
• 吃得起–吃不起 돈이 있어서 먹을 수 있다–돈이 없어서 먹을 수 없다
• 吃得到–吃不到 파는 곳이 있어서 먹을 수 있다–파는 곳이 없어서 먹을

수 없다
- 吃得下-吃不下 배가 안 불러서 먹을 수 있다-배가 불러서 먹을 수 없다
- 吃得了-吃不了 양적으로 먹을 수 있다-양이 많아서 먹을 수 없다

(4) 数量补语 수량보어

数量补语表示在动词后有关动作变化的数量成分。数量补语有三种：动量补语、时量补语、比较数量补语。

수량보어는 동사 뒤에 관련 동작 변화를 표시하는 수량성분입니다. 수량보어는 동량보어, 시량보어, 비교수량보어, 3가지가 있습니다.

- 这本书我看过三遍。　이 책을 나는 세 번 봤다.
- 他当大夫当了十几年了。　그는 의사가 된지 십여 년이 되었다.
- 我比他早来一年。　나는 그보다 1년 일찍 왔다.

(5) 关于宾语的位置 목적어의 위치

a. 当动量补语和宾语同时出现时，如果充当宾语的名词是一般事物时，通常位于动量补语后面；当宾语表示确定的人、动物或地名时，既可以位于补语前面，也可以位于补语之后。

동량보어와 목적어가 동시에 출현할 때에, 만약 목적어 역할을 하는 명사가 일반 사물이라면 통상적으로 동량보어 뒤에 놓입니다. 목적어가 특정한 사람, 동물이나 지명을 표시할 때에, 보어 앞에 놓을 수도 있고 보어 뒤에 놓일 수도 있습니다.

- 我可以借一下这本书吗？　내가 이 책을 좀 빌려도 되겠습니까?
- 昨天我找过老师两次，老师都不在。
  어제 나는 선생님을 두 번 찾았지만, 선생님은 다 안 계셨다.

• 昨天我找过两次老师，老师都不在。

　어제 나는 선생님을 두 번 찾았지만, 선생님은 모두 안 계셨다.

b. 当时量补语与宾语同时出现时，宾语是一般的名词时，宾语通常位于时量补语之后，有的时候补语和宾语之间还可以用"的"，表示时间长；宾语为确定的人或代词时，一般位于时量补语前。如果时量补语是"一会儿"等不定量时，宾语可以位于补语前，也可以在补语之后。

시량보어와 목적어가 동시에 출현할 때에, 목적어가 일반적인 명사일 때에, 목적어는 통상적으로 시량보어 뒤에 위치하고, 때로는 보어와 목적어 사이에 '的'를 사용할 수도 있고, 시간의 길이를 표시합니다. 목적어가 확정적인 사람이나 대사일 경우, 일반적으로 시량보어 앞에 놓입니다. 만약에 시량보어가 '一会儿' 등의 부정량일 경우, 목적어는 보어 앞에 놓일 수도 있고, 또 보어 뒤에 놓일 수도 있습니다.

• 今天他写了一天(的)字。　오늘 그는 하루 동안 글을 썼다.
• 小马等了你一个小时。　마군은 너를 한 시간 동안 기다렸다.
• 你等他一会儿吧。　당신은 그를 잠시 기다려주세요.
• 你等一会儿他吧。　당신은 잠시 그를 기다려주세요.

7-1. 完成句子。 문장을 완성하시오

① 她　弹得　非常　好　弹　钢琴

_____

② 多　我　拿　那么　东西　不了

_____

③ 我们　中文书　买到　没有

④ 他回　去　了　办公室

⑤ 我　中国菜　吃　惯　不

⑥ 不　同学　黑板　后面的　上　的　字　看　清楚

---

① 나는 중국어를 알아들을 수 있다.

② 나는 그 친구를 몇 번 만났다.

③ 배가 부릅니까?

④ 그는 숙제를 다 끝내지 않았습니다.

⑤ 동생은 노래를 잘 부릅니다.

⑥ 오늘 밤에 당신은 들어올 수 있습니까?

---

1 常用词的用法 상용 단어의 용법

┌───┐
不见得 谈不上 算不上 这样一来 这样一来 综上所述 总而言之
└───┘

(1) **不见得** 꼭 …은 아니라, 반드시 그렇지만은 않다. 주관적인 부정적인 추측이나 완화된 어기를 나타냅니다. 단독으로 대답을 할 수 있습니다.

- 药吃多了, 对病不见得好。

  약을 많이 먹는다고 해서 병에 꼭 좋다고 생각되지 않는다.

  A. 我们的问题就要解决了。 우리의 문제는 곧 해결될 것이다.
  B. 不见得。 꼭 그렇다고 볼 수 없다.

(2) **谈不上** (…라고까지) 말할 수 없다. 말할 나위가 못 되다.

- 谈不上什么研究。

  무슨 연구라고 할 것까지도 없다.
- 我们刚认识, 谈不上是朋友。

  우리는 알게 된지 얼마 안 되어서, 친구라고까지는 할 수 없다.

(3) **算不上** …로 칠 수 없다. 기준에 이르지 못하다. …라고 할 수 없다. 손에 꼽히지 않다. 계산에 들어가지 않다.

- 无论如何，他算不上谦虚。
  어쨌든 그는 겸손하다고 볼 수 없다.

(4) **这样一来** 이렇게 되면. 이와 같다면.

- 这样一来，复杂的问题就简单化了。
  이렇게 하니, 복잡했던 문제가 바로 단순화되었다.

(5) **综上所述** 앞서 말한 내용을 종합하다. [주로 종합적인 결론을 끌어낼 때 쓰입니다.]

- 综上所述，我同意他的意见。
  상술한 바를 종합하면, 나는 그의 의견에 동의한다.

(6) **总而言之** 총괄적으로 말하면. 요컨대. 결론적으로 말하자면.

- 总而言之，发展经济是最主要的。
  총괄적으로 말하면, 경제 발전이 가장 중요하다.

7-3. 아래 단어의 뜻과 예문을 사전에서 찾아보세요.

① 未免

② 可见

③ 显然

④ 实际上

2 成语运用 성어의 운용

汉语中有不少成语，这些成语言简意赅，表达丰富，能够用于各种语体，掌握并正确使用一些成语，对提高表达效果有重要的作用，可以起到事半功倍、画龙点睛的效果。当然应该事先弄懂成语的意义、风格、色彩，以及使用的语境。

중국어 중에는 적지 않은 성어가 있습니다. 이러한 성어는 말은 간단하나 뜻은 다 들어 있고, 표현이 풍부하여, 각종 문체에 사용될 수 있습니다. 성어들을 마스터하고 정확하게 사용하는 것은 표현 효과를 향상시키는 데에 중요한 역할을 하고, 적은 노력으로 많은 성과를 올리고, 화룡정점의 효과를 낳을 수 있습니다. 당연히 우선 성어의 의미, 풍격, 색채 및 사용의 환경을 이해해야 합니다.

자주 쓰이는 사자성어 몇 개를 아래에 나열하였습니다. 잘 익혀서 활용하십시오.

● 雪上加霜 : 설상가상

解释 : 比喻接连遭受灾难。

偏正式 ; 作谓语、宾语、分句 ; 含贬义。

해석 : 연속해서 재난을 겪음을 비유한다.

수식구조 : 술어, 목적어, 절이 된다. 부정적인 의미를 포함한다.

例 : 这对他来说真是雪上加霜，祸不单行啊。

이것은 그에게는 정말 '설상가상'이고, '화는 홀로 오지 않는다'이다.

- 爱不释手 : 애불석수

解释 : 喜欢得舍不得放手。 褒义成语

补充式 ; 作谓语、状语、宾语 ; 含褒义, 表达喜欢对象.

해석 : 차마 손에서 떼어 놓지 못할 정도로 좋아하다.

동보구조 : 술어, 부사어, 목적어가 된다. 긍정적인 의미를 포함하고, 대상을 좋아함을 표현한다.

例 : 这件东西大家用了之后都爱不释手。

　　이 물건은 모두가 사용한 후에 차마 손에서 떼어 놓지 못할 정도로 좋아한다.

- 拔[揠]苗助长 : 발[알]묘조장

解释 : 比喻违反事物发展的客观规律, 急于求成, 反而坏事。

连动式 ; 作谓语 ; 比喻不切实际地办事, 欲速不达.

해석 : 사물이 발전하는 객관 규칙을 위반해서, 급히 성공을 추구하다가 도리어 일을 그르치다.

연동구조 : 술어가 된다. 현실에 부합되지 않게 일을 하여, 급하게 하려고 하다가 일을 이루지 못하다.

例 : 不顾学生的接受能力, 而一味填鸭式的教学, 无异于拔苗助长。

　　학생의 수용능력을 돌아보지 않고, 단순히 주입식으로 교육하는 것은 급하게 하다가 일을 그르침(알묘조장)과 다르지 않다.

- 半途而废 : 반도이폐

解释 : 路走到一半停了下来。比喻事业没做完就停止 ; 不能善始善终。

偏正式 ; 作谓语、状语、定语、补语 ;

해석 : 길을 반 정도 걷다가 멈추다. 일이 아직 완성되지 않았는데, 정지하다. 시종일관 잘하지 못하다.

수식구조 : 술어, 부사어, 관형어, 보어가 된다.

例：你做什么事都是半途而废，结果到现在还是一事无成。

　　너는 어떤 일이든 중도에 그만둔다. 결국 지금까지 한 가지 일도 이루지 못했다.

挑三拣四：有些大学生找工作时总是挑三拣四的，高不成低不就。

一举两得：这份工作既锻炼了能力，又能让他拿到一份不薄的薪水，真
　　　　　是一举两得。

다음 사자성어들의 뜻을 스스로 찾아보고 작문하시오.

空手而归、锦上添花、众所周知、眼高手低、脚踏实地、好高骛远、无
可非、大材小用、雪中送炭等。

九. 写作要点 작문 포인트

1 议论文

1. 议论文是作者对某个问题或某件事进行分析、评论，表明自己的观点、
立场、态度、看法和主张的一种文体。议论文有三要素，即论点、论据
和论证。

　　논설문은 저자가 어떤 문제 혹은 어떤 사건에 대해, 분석, 평론을 진행하고 자신
의 관점, 입장, 태도, 관점과 주장을 표현하는 일종의 문체입니다. 논설문의 3개
의 요소는 곧 논점, 근거와 논증입니다.

2. 论点的基本要求是：观点正确，认真概括，有实际意义；

　　논점의 기본요구사항은 관점의 정확함, 착실한 개괄, 실제 의미의 존재입니다.

归纳段意的要求 문단의 의미를 요약하라는 요구

归纳段意一般要做到如下三条：一是准确，即要恰如其分地概括出全段的重点内容，不能用部分代替整体或用次要的代替主要的；二是简练，言简意明，不能啰嗦；三是通顺明白，不能含糊其词。

문단의 의미를 요약하려면, 일반적으로 다음 3가지를 이행해야 합니다. 첫째는 정확함인데, 매우 적절하게 전 문단의 중요 내용을 개괄해야 하고, 부분으로 전체를 대체하거나 부차적인 것으로 주요한 것을 대체할 수 없습니다. 둘째는 간결함인데 언어가 간결하고 뜻이 분명하고, 말이 많아서는 안됩니다. 셋째는 문장이 매끄럽고, 분명해야 하고 말을 얼버무려서는 안됩니다.

1 摘句法 문장발췌법

把能概括全段内容的句子摘下来，作为段落大意。这种方法，适用于有中心句的段落。

문단 전체의 내용을 개괄할 수 있는 문장을 발췌하여, 중심 문장으로 삼습니다. 이러한 방법은 중심문이 있는 문단에 적용됩니다.

2 归并法 병합법

先找出每个句群的大意，再将几个句群的大意归并到一起，归纳出全段大意。

각 문장군의 개요를 찾아내고, 그 문장군들의 개요를 하나로 병합하여 전체 문단의 내용을 종합합니다.

3 取舍法 취사선택법

一段话里有几层意思，往往有主有次，抓住主要的，舍去次要的，就可以得出段意。

한 문단의 말 속에는 몇 개의 층위의 내용이 있고, 종종 주된 것과 부차적인 것이 있는데, 주요한 것을 선택하고 부차적인 것을 버리면 문단의 주요내용을 얻어낼 수 있습니다.

4 借助法 차용법

就是借助段的结构特点进行归纳，特别是关联词。如总分段，可借助总述部分；因果段，可借助结果部分；递进段，可借助后一层的意思。

문단의 구조 특징을 차용해서 요약을 하는 것으로, 특히, 연결어입니다. 예를 들어 전체 문단의 구분은 총괄 부분을 차용할 수 있습니다. 원인결과 문단은 결과부분을 차용할 수 있고, 점진 문단은 후반부의 의미를 차용할 수 있습니다.

归纳文章大意的方法也是同样的，可以采取其中的一个办法，也可以多个办法综合使用。

글의 대의를 귀납하는 방법도 같고, 그 속의 한 방법을 채택할 수 있고, 많은 방법으로 종합하여 사용할 수 있습니다.

十. 句型练习 문형 연습

1 用"认为"造句 '认为'를 써서 작문하기
我认为你错了。
我不那么认为。
一般认为他有罪。

我们认为这计划可行。

---

2 用"连……也(都)……"造句　'连……也(都)……'를 써서 작문하기
连你也不知道吗？
我连自己也养活不了。
他连再见也不说一声就跑掉了。
他连小学都没上过。

---

3 用"一……也……"造句　'一……也……'를 써서 작문하기
考试的时候一道题都答不上来，
我想出去玩儿，可到外面一看，一个孩子也没有。
他一句话也没说。
我一次也没见过他。

---

4 用"既……又……还……"造句　'既……又……还……'를 써서 작문하기
大学生打工既能赚到零花钱，又能提前接触社会，还可以锻炼自己的能力。
他既没学识，又没能力，工作还不认真，纯粹是在混饭(吃)。
这个人既懦弱又无能还特别固执。
这学期我既教课又带班还得写论文。

---

5 表示反对的意见 반대 의견을 표시하는 표현을 연습하기

在我看来，并非如此。

他也谈不上能力超众。

他这样做是得不偿失的。

你现在换专业不见得是件好事。

十一. 思考与写作练习 생각하고 작문하기

◆ 常见议论文结构 자주 쓰이는 논설문 구조

1. 标题(题目) 제목

2. 开头(提出中心论点)：启示、启迪、告诉我们、说明了、让我明白了等，我认为⋯⋯

   시작(중점적인 논점을 제기함)：启示、启迪、告诉我们、说明了、让我明白了等，我认为⋯⋯

3. 论证过程：设问句过渡，引出理由。

   논증과정：자문자답으로 전환하여, 이유를 끌어낸다.

   如 예를 들면, "我们为什么认为⋯⋯, 有如下三个方面的理由"

4. 进行论证，可以从几个方面论述⋯⋯

   논증을 진행함. 여러 측면에서 논술할 수 있고, ⋯⋯

   分论点一：论据、分析 하위 논점1：논거, 분석

   分论点二：하위 논점2：⋯⋯

分论点三 : 하위 논점3 : ……

5. 结尾部分 : 深化话题, 重申中心论点, 解决问题, 提出方法, 照应开
头等。

결론부분 : 화제를 심화하고, 중심논점을 거듭 말하고, 문제를 해결하고, 방법
을 제기하고, 시작부분에 대응하는 것 등이다.

◆ 议论文写作的要求 논설문 작문의 요점

1. 论点的提出和确立要注意 : 正确、鲜明、新颖。
   논점의 제기와 확립시 주의할 점 : 정확성, 선명성, 참신성

2. 论据基本要求是 : 真实可靠, 充分典型 ;
   논거의 기본요구는 진실성·신뢰성과 충분히 전형적임니다.

3. 论证的基本要求是 : 推理必须符合逻辑, 恰当地综合运用各种论证方式。
   논증의 기본요구는 추리가 반드시 논리에 부합하여야 하고, 적당히 종합적으로
   각종 표현방식을 운용합니다.

4. 立论是对一定的事件或问题从正面阐述作者的见解和主张的论证方法。
   입론(논점의 전개)은 일정한 사건 혹은 문제에 대해서 정면으로 저자의 견해와
   주장을 기술하는 논증방법입니다.

5. 驳论是就一定的事件和问题发表议论, 揭露和驳斥不正确的见解或主张。
   논박은 일정한 사건과 문제에 대해 논의를 발표해서, 부정확한 견해나 주장을 들
   추어내거나 반박하는 것입니다.

6. 全文应该围绕论点, 利用各种论据, 举例说明, 或者通过统计数据, 或
   者引用他人的看法等来说明自己观点是有道理的。
   전문은 논점에 대해서 각종 논거를 이용해서 예를 들어 설명하거나 통계 데이터
   를 통하거나 타인의 견해를 인용하는 등으로 자신의 관점이 이치에 맞다는 것을
   설명해야 합니다.

选择专业的时候，应该选择自己擅长的？还是应该选择自己喜欢的？或者应该选择好就业的专业？就这个问题谈谈你的看法。题目自拟。

전공을 선택할 때에 자신이 잘할 수 있는 것을 선택해야 하는가? 아니면 자신이 좋아하는 것을 선택해야 하는가? 혹은 취업하기 좋은 전공을 선택해야 하는가? 이 문제에 대해 당신의 견해를 이야기해 보시오. 제목은 스스로 정하시오.

다음 3개의 제목 중 하나를 정해도 됩니다.

你是否赞成安乐死。　당신은 안락사를 찬성하는가?

你是否赞成婚前同居。　당신은 혼전 동거를 찬성하는가?

你对丁克族怎么看。　당신은 딩크족을 어떻게 보는가?

Memo

第八课 一封书信

제8과 편지 한 통

一. 主题：学会夹叙夹议的叙述方式和写信

　　주제：서술하면서 논평하는 서술 방식과 편지 쓰기

二. 本课要点 이 과의 포인트

---

1. 熟练掌握"把"字句的句型和各种用法。

　　'被'자문의 문형과 각종 용법을 숙련하고 마스터합니다.

2. 掌握几个常用副词的用法

　　자주 쓰는 부사의 용법을 마스터합니다.

3. 了解写信的格式.

　　중국어 편지 쓰기의 양식을 배웁니다.

4. 写作要点：学会夹叙夹义的写作方式。

　　작문 포인트：서술하면서 논평하는 서술 방식을 배워서 익힙니다.

1. 你给别人写过信吗？

   당신은 다른 사람에게 편지를 쓴 적이 있는가?

2. 你最近收到的一封信是？

   당신이 최근에 받은 편지는?

四. 范文讨论与学习 본문 토론과 학습

一支烟的故事---给儿子

亲爱的孩子：

近好？你一直讨厌爸爸抽烟，我也十分渴望戒烟，可是，我一直没有做到，很惭愧。

今天想给你讲讲我抽烟的事，或许对你有所帮助。

1983年，我开始了我的大学生涯。我们宿舍里有两个是烟鬼。他们有一个习惯，掏出香烟的时候总喜欢"打一圈"，也就是每个人都送一支，这是中国人在交际上的一个坏习惯。我呢，其实完全可以勇敢地谢绝，但是，考虑到日后的人际，我犯了一个错：我接受了。这是一个糟糕的开始，许多糟糕的开始都是由不敢坚持做自己开始的。

当然人也是需要妥协的，在许多并不涉及原则性的问题上，不坚持做自己其实也不是很严重的事情。我的问题在于，我在不敢坚持做自己的同时又犯了一个小小的错：虚荣。人家都"请"了我好几回了，我怎么可以不

"回请"呢?是虚荣心让我在还没有上瘾的时候就不停地买烟去了。

不要怕犯错,孩子,犯错永远都不是一件大事情。可有一件事情你要记住:学会用正确的方法面对自己的错,尤其不能用错上加错的方式去纠正自己的错。实在不知道如何应对时,你宁可选择不应对。

有一天,你爷爷,也就是我的爸爸,在会议的间隙来学校看望我。当你的爷爷坐在我的床沿和我聊天的时候,我突然发现了枕边的香烟,藏起来已经来不及了。以我对你爷爷的了解,他一定是看见了,但是,他什么都没说。十几分钟之后,爷爷掏出了香烟,抽出来一根,犹豫着把它放在了桌面上,就在我的面前。孩子,我特别希望你注意到这个细节:爷爷并没有把香烟送到你爸爸的手上,而是放在了桌子上。后来爸爸就把香烟拿起来了,是爷爷亲手帮爸爸点上的。

现在,我想把我当时的心理感受尽可能准确地告诉你。在爷爷帮爸爸点烟的时候,爸爸差点就哭了,他好容易忍住了眼泪。爸爸认定了这个场景是一个感人的仪式,代表父亲承认他是一个真正的男人了。

事实上,这应该是一个误判。你也知道的,作为你的爸爸,我批评过你,但是,不知道你注意到没有,爸爸没有在外人面前骂过你。你有你的尊严,爸爸没有权利在你的伙伴面前剥夺它。同样,你爷爷再不赞成我抽烟,考虑到当时的特殊环境,他也不可能当着那么多同学的面呵斥他的儿子。做父亲的总是要在别人面前维护自己的儿子,但这并不意味着儿子的举动就一定恰当。

我最想和你交流的部分其实就在这里,是我真实的心情。人都有情感,尤其在亲人之间,有时候,最动人的温情往往会带来一种错觉:我们一起做了最正确的事情。爸爸把爷爷的点烟当作了他的成人礼,这其实是爸爸的一厢情愿。如果爷爷知道爸爸当时的内心活动,他不会那么做的,绝对不会。

孩子,爸爸最享受的事情就是和你交流。由于当年的特殊环境,你爷爷和你爸爸交流得不算很好,你和爸爸的环境比当年好太多了,我们可以交流得更加充分，不是吗?

　　孩子，你想要一个什么样的成人礼呢？

　　祝你快乐!

飞宇

2014年5月26日于香港

----本文选自毕飞宇《一支烟的故事》2015年人民文学出版社《写满字的空间》，有改动。

五. 生词 새 단어

□ 抽烟	[chōuyān]	담배(를) 피우다. 흡연하다. ☞ [吸烟(xīyān)]
□ 渴望	[kěwàng]	[동사] 갈망하다. 간절히 바라다.
		≒ [盼望(pànwàng)]
□ 戒烟	[jièyān]	담배를 끊다
□ 一直	[yìzhí]	[부사] 계속. 줄곧. [동작 혹은 상태가 지속됨을 나타냄]
□ 惭愧	[cánkuì]	[형용사] 부끄럽다. 창피하다. 송구스럽다.
□ 或许	[huòxǔ]	[부사] 아마. 어쩌면. 혹시 (…인지 모른다).
		≒ 也许(yěxǔ)
□ 生涯	[shēngyá]	[명사] 생애. 생활. 일생.
□ 掏	[tāo]	[동사] (손이나 도구로) 꺼내다. 끄집어내다. 끌어내다.
□ 打一圈	[dǎyìquān]	한바퀴를 돌리다.
□ 交际	[jiāojì]	[동사] 교제하다. 서로 사귀다.
□ 勇敢	[yǒnggǎn]	[형용사] 용감하다.

□ 谢绝	[xièjué]	[동사] 사절하다. 정중히 거절하다.
□ 考虑	[kǎolù]	[동사] 고려하다. 생각하다.
□ 犯错	[fàncuò]	실수하다 잘못을 저지르다.
□ 糟糕	[zāogāo]	[형용사] 못 쓰게 되다. 엉망이 되다. 망치다.
□ 妥协	[tuǒxié]	[동사] 타협하다. 타결되다.
□ 涉及	[shèjí]	[동사] 관련되다. 연관되다. 연루되다.
□ 虚荣	[xūróng]	[명사] 허영.
□ 上瘾	[shàngyǐn]	[동사] 중독되다. 인이 박이다.
□ 错上加错	[cuòshàngjiācuò]	[성어] 한 번의 잘못 뒤에 또다시 잘못을 저지름을 이르는 말.
□ 纠正	[jiūzhèng]	[동사] (사상·잘못을) 교정하다. 고치다. 바로잡다.
□ 应对	[yìngduì]	[동사] 응답하다. 대답하다. 대응하다. 대처하다.
□ 间隙	[jiànxì]	[명사] 틈(새). 사이. 겨를. 짬. 여가. 빈 공간.
□ 细节	[xìjié]	[명사] 자세한 사정. 세부(사항). 사소한 부분. 세목.
□ 忍住	[rěnzhù]	자제하다.
□ 认定	[rèndìng]	[동사] 인정하다. 확신하다. 굳게 믿다.
□ 仪式	[yíshì]	[명사] 의식.
□ 误判	[wùpàn]	[동사] 오판하다.
□ 尊严	[zūnyán]	[형용사] 존귀하고 장엄하다. 존엄하다.
□ 剥夺	[bōduó]	[동사] 박탈하다. 빼앗다.
□ 呵斥	[hēchì]	[동사] 준엄하게[호되게] 꾸짖다. 꾸짖어 책망하다.
□ 维护	[wéihù]	[동사] 유지하고 보호하다. 지키다. 옹호[수호]하다
□ 意味着	[yìwèizhe]	[동사] 의미하다. 뜻하다. 나타내다.
□ 动人	[dòngrén]	[형용사] 감동적이다.
□ 温情	[wēnqíng]	[명사] 온정. 따뜻한 인정. 온화한[부드러운] 태도.
□ 错觉	[cuòjué]	[명사] 착각.
□ 点烟	[diǎnyān]	담뱃불을 붙이다.
□ 一厢情愿	[yìxiāngqíngyuàn]	[성어] 일방적인 소망.
□ 充分	[chōngfèn]	[부사] 힘껏. 십분. 충분히.

1 根据课文回答问题 본문에 근거하여 질문에 답하시오

① 这是一封谁写给谁的信？

② "打一圈"是什么意思？

③ 许多糟糕的开始都是由什么而起的？

④ 作者为什么开始抽烟？

⑤ 犯错是不是很严重的事情？

⑥ 作者的父亲是怎么发现他抽烟的？

⑦ 他的父亲发现儿子抽烟后做什么了？

⑧ 作者当时认为父亲的举动意味着什么？

⑨ 作者现在是怎么解释父亲的举动的？

⑩ 如果你是文中作者的父亲，发现孩子抽烟时，你会怎么做？

2 填空。빈 칸을 채우시오

①

并 在 起来 到 上 出

十几分钟之后，你爷爷掏_____了香烟，抽出来一根，犹豫着把它放_____了桌面上，就在我的面前。孩子，我特别希望你注意这个细节：你爷爷_____没有把香烟送_____爸爸的手上，而是放在了桌子上。后来爸爸就把香烟拿_____了，是你爷爷亲手帮爸爸点_____的。

②
> 到　总是　再不　一定

　　同样，你爷爷＿＿＿赞成我抽烟，考虑＿＿＿当时的特殊环境，他也不可能当着那么多同学的面呵斥他的儿子。做父亲的＿＿＿要在别人面前维护自己的儿子，但这并不意味着儿子的举动就＿＿＿恰当。

3 用下列词完成一篇短文，写作者是如何开始抽烟的

다음 단어를 사용하여 저자가 어떻게 담배를 피우기 시작했는지 글을 만들어 보시오

> 事实上　误会　把　虚荣　开始　尊严

_____

_____

4 和周围的人讨论，你认为父母和子女的关系最好是什么样的？

부모와 자녀의 관계가 어떤 것이 가장 이상적인지 주위 사람과 토론해 보세요

七. 语法要点 어법 포인트

1 "把"字句 "把"자문

　　所谓"把字句"，是指利用介词"把"，将动词支配的成分，提到动词前面

来的一种句式。"把字句"的主语，也就是施事者如何"处置"宾语，对宾语产生何种影响、变化与结果。

'把'자 구문은 전치사 '把'를 이용해 술어의 영향을 받는 대상을 술어 앞으로 이동시켜, 주어인 행위주체가 그것을 '어떻게 처치하였는가'와 어떤 종류의 '결과, 영향, 변화'가 발생했는지를 나타냅니다.

(1) **结构 구조**

> 主语(施事方) ＋ 把 ＋ 宾语(受事方) ＋ 谓语(多为他动词) ＋ 其他成分
> 주어(행위주체) ＋ 把 ＋ 목적어(행위대상) ＋ 술어(타동행위) ＋ 부가성분

- 爷爷把烟放在桌子上了。　할아버지는 담배를 탁자 위에 놓았다.

(2) **要点 주의점**

a. 宾语 목적어

"把字句"的宾语具有确指性，即说话者和听话者都已知的人或物。因此一般不用"数量词＋名词"的结构，多用指示代名词"这"或"那"来表示确指，若上下文明确的话，也可不加指示代词。

'把'자 구문의 목적어는 말하는 사람이나 듣는 사람이 모두 알고 있는 특정한 사물이나 사람이어야 합니다. 따라서 '수량사＋명사'구조는 거의 쓰이지 않고, 대부분 지시대명사 '这', '那'를 써서 그 의미를 제한합니다.

- 请把那本词典递给我。　그 사전을 나에게 줘.
- 请把一本词典递给我。（×）

b. "把字句"的谓语动词强调动作对受事给予积极的影响，使宾语差生某种结果，发生某种变化。否则，一般不能用"把字句"。

'把'자 구문의 술어동사는 일반적인 동작의 대상은 어떤 변화, 결과를 나타내게 만들고 아니면 '把'자 구문에 쓸 수 없습니다.

- 他把毛衣脱了。　그는 스웨터를 벗었다.
- 我把他喜欢了。（X）

一般的心理动词、感觉认知累动词，或表示存在等同的，表示趋向的，表示一些身体状态的动词不能用于"把字句"。

일반적인 심리동사, 감각동사, 존재동사, 방향동사들은 '把'자 구문의 술어동사로 쓸 수 없습니다. 예) 感到, 感觉, 认为, 以为, 看见, 听见, 知道, 懂得, 讨厌, 生气, 关心, 怕, 愿意, 希望, 同意, 在, 有, 是, 姓, 属于, 来, 去, 出, 上, 下, 进, 起来, 过去 등

c. "把字句"中的其他成分 '把'자 구문의 동사 뒤에 기타성분

"把字句"的谓语不能是单个动词，特别是单音节动词。一般都有其他成分，多为结果补语、趋向补语、数量补语、介词补语、情态补语等，也可以用"了、着"等，还可以用动词重叠式。

동사 술어 뒤에는 결과보어, 방향보어, 수량보어, 전치사보어, 상태보어가 동반될 수 있습니다. 특정한 사물의 상태가 동작의 영향을 받아 변화가 발생함을 중점적으로 강조합니다. 또 동사 뒤에 조사 '了, 着'가 올 수 있다. 동사 중첩 형식도 있습니다.

- 我把衣服洗干净了。　나는 옷을 깨끗하게 씻었다.
- 他把大衣丢了。　그는 외투를 잃어버렸다.
- 请你把帽子摘下来。　당신은 모자를 벗으세요.
- 我们把婚礼推迟了一年。　우리는 결혼식을 1년 연기했다.

- 你把屋子收拾收拾。　당신은 방을 깨끗이 정리하시오.
- 这件事把我急死了。　이 일은 나를 초조해 죽게 만들었다.

d. "把字句"的否定形式 "把"자 구문 부정형식

主语 ＋ 否定副词(没)有 ＋ 把 ＋ 宾语 ＋ 动词 ＋ 其他成分
주어 ＋ 부정부사 '没(有)' ＋ 把 ＋ 목적어 ＋ 동사 ＋ 기타성분

- 我还没把作业做完。　나는 숙제를 아직 다 하지 않았다.
- 他没把照片寄给我。　그는 사진을 내게 부쳐주지 않았다.

8-1. "把"字句练习 : 完成句子 '把'자문 연습 : 문장을 완성하시오.

① 回家　我　孩子　送　了　把

_____

② 他们　当作　把　亲人　我

_____

③ 学生们　教室外边　了　搬到　把　书

_____

④ 把　他　完　茶　没　喝

_____

⑤ 教室门　关　你　把　好

_____

8-2. 用"把"字句描述下列图中内容

　　'把'자문을 사용하여 다음 그림 중의 내용을 묘사하시오

1) _____

2) _____

3) _____

4) _____

八. 词汇要点 어휘의 포인트

1 副词 : 副词常限制、修饰动词、形容词性词语，表示程度、范围、时间、否定、语气等意义，常做状语。

부사는 정도, 범위, 시간, 부정, 어기 등을 나타내는 말로, 동사나 형용사 앞에서 제한하거나 꾸며주는 부사어 역할을 합니다.

◆ 常见的副词的用法 자주 쓰이는 부사의 용법

(1) 往往 表示某种情况在一定条件下时常存在或经常发生，多表示过去的经验，基本不用于未来表希望。使用时，一般不单用动词，通常会伴随与动作有关的条件等。

어떤 상황이 자주 발생함을 나타냅니다. 과거 경험상 많았던 것을 말하며 장래의 것이나 소망을 나타내는 문장에서 사용하지 않습니다. 또 동작자체가 아닌, 동작과 관계 있는 상황 조건 결과를 밝혀 주는 것으로 술어 부분이 동사만 있으면 안됩니다.

① 他往往一个人吃午饭。   그는 자주 혼자 점심을 먹는다.
② 以后你常常来看我吧！ 앞으로 자주 저를 보러 와주세요!
③ 他往往吃午饭。 （×）
④ 以后你往往来看我吧！ （×）

(2) 一直 表示动作始终不间断或状态始终不变
계속해서, 연속해서, 끊임없이, 줄곧, 내내

• 她一直在哭。   그녀는 계속 울고 있다.

注意："一直"与"一向"这两个副词都可以表示一段时间动作的持续，有时可以互换使用。但二者也有区别：

1 "一向"，始于过去，止于说话的这一段时间，可以包括现在，但不包括将来。"一直"可以指过去、现在和未来。

2 "一向"所表示的持续时间非常久，成为习惯的。而"一直"既可以用于长时，也可以用于短时。

주의 : '一直'와 '一向'은 동작·작용이 장시간 계속되는 것을 나타낸다는 점에서 비슷하나, '一向'이 현시점까지 계속되는 것을 표시하는 것에 반하여 '一直'은 그러한 제한이 없습니다. 또, '一直'은 과거의 시점에서 상당 시간 계속되는 것을 나타내며, 상당히 오랜 시간에 달하는 것도 있고 비교적 짧은 시간의 것도 있으나, '一向'은 항상 오랜 시간까지 미치는 것을 말합니다.

- 今天下午一直(一向)在图书馆学习。

  오늘 오후에 줄곧 도서관에서 공부한다.

- 他昨天晚上一直工作到十二点。 그는 어제 저녁에 줄곧 12시까지 일했다.

- 他昨天晚上一向工作到十二点。(×)

- 几年以来，他一直(一向)在科学院做研究工作。

  몇 년간 그는 줄곧 과학원에서 연구업무를 했다.

(3) 总是 늘 언제나(一直、一向)

表示永远的，无例外地，同样也表示持续不变。

상황이 지속적이며, 예외없이 동일한 모양으로 불변함을 나타냅니다.

- 他总是不认真听课。　그는 항상 열심히 수업을 듣지 않는다.

- 我总是提醒你别忘了作业，可你还是忘了。

  나는 항상 너에게 숙제를 잊지 말라고 일깨워주지만, 너는 항상 잊는다.

(4) **其实** 사실

表示所说的是实际情况(承上文，多含转折意)，常用在句首。

실제로는 앞의 내용에 수정이나 보충을 가하여 이 말이 사실임을 강조합니다. 전환의 어기를 가지며, 주어나 동사 앞에 위치합니다.

- 这个问题看起来容易，其实并不如此。

  이 문제는 보기에 쉽지만, 사실 결코 그렇지 않다.

- 我以为你爷爷赞成爸爸抽烟，其实是爸爸的误判。

  나는 너의 할아버지가 아빠가 담배를 피우는 것을 찬성한다고 생각했는데,

  사실 아빠가 오판한 것이다.

(5) **并** : 常用在"非 / 未 / 不"等否定词前加强否定的语气，略带反驳或强调的意味。'非 / 未 / 不' 등의 부정부사 앞에서 부정을 강조하며 '결코~이 아니다'라는 뜻을 나타냅니다.

- 他是真的不懂，并不是谦虚。

  그는 (확실히) 정말 알지 못하는 것이지, 겸손한 것이 아니다.

- 这件事我并不怪他。

  이 일에 대해, 나는 결코 그를 책망하지 않는다.

(6) **差点儿** : 表示某种事情接近实现或勉强实现。

(a) 如果是说话人不希望实现的，"差点儿没"和"差点儿"都表示幸好没实现。

하마터면, 자칫하면. 화자가 실현되기를 원치 않을 경우, '差点一儿', '差一点儿没' 모두 '그렇게 되지 않아 다행'이라는 안도의 뜻을 나타냅니다.

~闹出错儿来了 ; 하마터면 잘못을 저지를 뻔하였다. = ~没闹出错儿来

他~死了 ; 그는 하마터면 죽을 뻔하였다 = 他~没死

~摔倒了；하마터면 넘어질 뻔하였다 = ~没摔倒

(b) 如果是说话人希望实现的行为或结果，那么"差点儿"表示没实现，
"差点儿没"表示勉强实现了。

거의, 가까스로, 하마터면, 간신히. [화자가 실현되기를 원할 경우 '差一点
儿'은 실현되지 않아 애석하다는 뜻, '差一点儿没'는 가까스로 실현하였다
는 뜻을 나타냄]

~没赶上；하마터면 따라잡지 못할 뻔했다. 가까스로 따라잡았다

~赶上了；거의 따라잡을 뻔하였다

=[差点儿] [差(一)些儿] [(방언)差一眼]

- 他差点儿就得冠军了。

  그는 우승을 할 뻔했어.
- 我差点儿就被车撞了。

  오늘 나 하마터면 차에 치일 뻔했어.
- 这次考试差点儿没通过。

  하마터면 이번 시험에서 통과하지 못할 뻔했어.

(7) 尤其 : 更加，特别。表示在同类事物中突出强调某一种

특히 전체 중에 어떤 한 부분을 강조합니다.

- 我喜欢看电影，尤其喜欢看恐怖电影。

  난 영화 보는 걸 좋아하는데, 특히 공포영화를 좋아해.
- 学生们学习都很努力，尤其是班长。

  학생들이 다 열심히 공부하는데, 특히 반장이 그래.

尤其　差点儿　其实　总是　往往　一直　并

① 他说要走，＿＿＿＿＿＿不想离开。

② 我喜欢旅行，＿＿＿＿＿＿喜欢一个人旅行。

③ 刚才我＿＿＿＿＿掉水里了。

④ 他＿＿＿＿＿＿没有给我打电话。

⑤ 他＿＿＿＿＿不听父母的话。

⑥ 昨天晚上我＿＿＿＿＿在写作业，连晚饭都没时间吃。

⑦ 他＿＿＿＿＿工作到深夜。

九. 写作要点 작문 포인트

◆ 夹叙夹议 서술하면서 논평을 하는 글 쓰는 방법

　所谓"夹叙夹议"既是一种写作方法，又是写作的一项基本技能。它要求一面叙述某一件事，一面又对这件事进行分析评论。不是一味地记叙，也不是单纯的议论，而是记叙中有议论，议论中有记叙，把议论穿插于具体的叙述和形象的描写中。"叙"是"议"的基础，"议"是"叙"的升华(深化)，两者有机结合。这样做的好处是既能具体记叙某件事，充分抒发情感，又能亮明观点和看法。

　소위 '서술을 하면서 논평하기'는 일종의 작문방법이고, 작문의 기본기능입니다. 이는 한 사건을 서술하면서, 그 사건에 대해 분석과 평론을 하기를 요구합니다. 무미건조한 기술도, 단순한 논평도 아니고, 묘사 속에 넣습니다. '서술'은 '논평'의 기초이고, '논평'은 '서술'의 승화(심화)인데, 양자는 유기적 결합을 하고 있습니다. 이것의 장점은 구체적으로 어떤 사실을 기술하여 정감을 충분히 토로할 수 있게 하고, 또 관점과 견해를 분명하게 할 수 있습니다.

1. 记叙和议论的结合是有机的, 二者不能相互脱钩。记叙文中记叙为主议论简明, 议论文中则相反, 议论为主记叙简单明了。

   기술과 논평의 결합은 유기적이어서, 양자는 서로 연결고리를 풀 수 없습니다. 기술문은 기술을 위주로 논평은 간략히 하는데, 논평문에서는 반대로 논평을 위주로 기술을 간략히 합니다.

2. 夹叙夹议主要有三种方式：一是先议后叙, 这时的议论往往出现在篇首主要作用是提示和点明主题；第二是先叙后议, 这时的议论往往出现在结尾, 其作用是总结说明, 深化主题；三是边叙边议, 边叙述事实, 边进行议论, 以表明对所叙事实的看法。

   '서술을 하면서 논평하기'는 주로 3가지 방식이 있습니다. 첫 번째는 먼저 논평을 하고 나중에 서술을 하는 것인데, 이때의 논평은 주로 글의 처음에 출현할 수 있고, 주요 작용은 주제를 제시하고 분명히 하는 것입니다. 두 번째는 먼저 서술을 하고 나중에 논평을 하는 것으로, 이때의 논평은 주로 글의 끝에 출현하고, 그 기능은 주제를 종합하여 설명하고, 심화하는 것입니다. 세 번째는 서술을 하면서 동시에 논평을 하는 것으로, 서술하는 사실에 대한 견해를 표명합니다.

   (1) 先议后叙：不要怕犯错, 孩子, 犯错永远都不是一件大事情。比如你爸爸在抽烟这件事也犯了好多错, 可是现在也戒烟了。

   먼저 논평하고 나중에 서술하기 : 잘못을 범하는 것을 두려워하지 말아야 합니다. 어린이가 잘못을 범하는 것은 모두 큰 사건이 아닙니다. 예를 들어, 당신 아빠가 예전에는 담배를 피우는 많은 잘못을 범했지만, 지금은 금연하게 되었습니다.

(2) 先叙后议 : 你爸爸在抽烟这件事上反复了好多次, 不过现在也成功地戒烟了。所以, 不要怕犯错, 孩子, 犯错永远都不是一件大事情。

먼저 서술하고 나중에 논평하기 : 당신 아빠는 담배를 피우는 잘못을 여러 번 범했지만, 지금은 성공적으로 금연하게 되었습니다. 그래서 잘못을 범하는 것을 두려워해서는 안 됩니다. 아이가 잘못 범하는 것은 영원히 전부 큰 사건은 아닙니다.

(3) 边叙边议 : 不要怕犯错, 爸爸也犯过好多错, 尤其是在抽烟这件事上。但是孩子, 犯错永远都不是一件大事情, 爸爸现在也成功地戒掉了烟。

서술하면서, 논쟁하기 : 잘못을 범하는 것을 두려워해서는 안 됩니다. 아빠도 여러 번 잘못을 범했었습니다. 특히 담배를 피우는 잘못이 그렇습니다. 그러나 아이가 잘못을 범하는 것은 영원히 전부 큰 사건은 아닙니다. 아빠는 현재 성공적으로 담배를 끊게 되었습니다.

3. 针对写作文体和所选事例和自己的写作习惯采取恰当的叙述和议论方法。

작문 문체와 선택한 사례 및 자신의 작문습관에 맞추어 적당한 서술과 논평방법을 채택합니다.

4. 写好"夹叙夹议"中的"议"。"议", 有四种常见的议论方式。

'서술을 하면서 논평을 하는 글' 중 '논평'에는 4가지 자주 보이는 논평 방식이 있습니다.

(1) 分析性议论　분석성 논평

(2) 感悟性议论　돈오성 논평

(3) 联想性议论　연상성 논평

(4) 对比性议论　대비성 논평

先是对所叙述的事例阐述、挖掘，然后再举出事例与之比较分析，
找出二者的相同点或不同点，通过对比，孰优孰劣，褒贬分明。

먼저 서술하는 사례에 대해 설명하고 끄집어낸 후에, 다시 사례를 열거해 그
것과 비교 분석을 하고, 양자의 비슷한 점과 차이점을 찾아내고, 대비를 통해
서 누가 우수하고 누가 열등한가, 좋은 점과 나쁜 점을 분명하게 평가합니다.

十. 句型练习 문형 연습

1 "把"字句'动词＋介词补语' 把자문(동사＋전치사구 보어)을 작문하기

我把画挂在墙上了。

他不想把书借给朋友。

孩子们把信寄给妈妈了。

你把电脑放这儿吧。

2 "把"字句'动词重叠式' 把자문(동사중첩식)을 작문하기

你们把情况介绍介绍吧。

他今天把过去的信件看了看。

你把屋子收拾收拾。

你把这篇文章再仔细看一看。

3 "把"字句'动词＋成＋结果补语' 把자문(결과보어)를 작문하기

他把姐姐当成了我。

我把玛丽写成了马力。

父母总把我看作是小孩。

我要把人民币换成韩币。

---

4 尤其/特别 부사(尤其/特别)를 이용하여 작문하기

他各门功课都很好，尤其是写作课。

我不喜欢吃中国菜，特别是香菜。

韩国秋季的红叶很好看，尤其是内藏山。

我一年四季总是很忙，特别是年末年初。

十一. 思考与写作练习 생각하고 작문하기

◆ 写信的格式 편지를 쓰는 형식

1. 称呼 称呼也称"起首语"，是对收信人的称呼。称呼要在信纸第一行顶格写起，后加"："，冒号后不再写字。称呼和署名要对应，明确自己和收信人的关系。

   호칭은 '처음 시작하는 말'이라고도 부르는데, 수신인의 호칭입니다. 호칭은 편지지 첫번째 항에 첫칸부터 써야 하고, 뒤에 ':'를 붙이며, 콜론 뒤에는 글자를 쓰지 않습니다. 호칭과 서명은 대응해야 하고, 자신과 수신인의 관계를 명확히 해야 합니다.

(1) 给长辈的信。若是近亲，就只写称谓，不写名字，如"爸"、"妈"、"哥"、"嫂"等；亲戚关系的，就写关系的称谓，如"姨妈"、"姑妈"等。

연장자에게 편지를 씁니다. 만약 가까운 친척이라면, 호칭만 쓰고, 이름을 쓰지 않는데, 예를 들면, '爸', '妈', '哥', '嫂' 등입니다. 친척관계는 관계의 칭호를 쓰는데, 예를 들면, '姨妈', '姑妈' 등입니다.

(2) 给平辈的信。夫妻或恋爱关系，可直接用对方名字，爱称加修饰语或直接用修饰语，如"丽"、"亲爱的"等；同学、同事、朋友的信，可直接用名字、昵称或加上"同学"、"朋友"，如"小王同学"等。

동년배에게 쓰는 편지. 부부 혹은 연애 관계는 직접 상대방의 이름을 쓸 수 있고, 애칭에 수식어를 쓰거나, 직접 수식어를 쓸 수 있는데, 예를 들면 '丽', '亲爱的' 등입니다. 학우, 동향 사람, 동료, 친구의 편지는 직접 이름, 애칭을 쓰거나, '同学', '朋友'를 붙여서 쓸 수 있는데, 예를 들면, '小王同学' 등입니다.

(3) 给晚辈的信。一般直接写名字，如"阿明"等；也可在名字后加上辈分称谓，如"李花侄女"等；亦可直接用称谓作称呼，如"孙女"、"儿子"等。

손아랫사람에 보내는 편지. 일반적으로 이름을 쓰는데, 예를 들면, '阿明' 등이 있습니다. 이름 뒤에 촌수 칭호를 붙일 수 있는데, 예를 들면, '李花侄女' 등입니다. 또 직접 칭호를 사용해서 부를 수 있는데, 예를 들면, '孙女', '儿子' 등입니다.

(4) 给师长的信。通常只写其性或其名，再加"老师"二字，如"段老师"、"周师傅"、"宏海老师"等。

스승에게 보내는 편지. 통상적으로 그 성 혹은 이름만 쓰고, 다시 '老师' 두 글자를 붙이는데, 예를 들면, '段老师', '周师傅', '宏海老师' 등입니다.

2. **正文** 正文通常以问候语开头。问候是一种文明礼貌行为，也是对收信人的一种礼节，体现写信人对收信人的关心。问候语最常见的是"您好！""近好！"依时令节气不同，也常有所变化，如"新年好！""春节愉快！"问候语写在称呼下一行，前面空两格，常自成一段。问候语之后，常有几句启始语。如"久未见面，别来无恙。" "近来一切可好？" "久未通信，甚念！"之类。问候语要注意简洁、得体。

본문은 통상적으로 인사말로 시작을 합니다. 인사는 일종의 문명적이고 예의 바른 행위이고, 수신인에 대한 일종의 예절이며, 발신인의 수신인에 대한 관심입니다. 인사말 중에서 가장 자주 보이는 것은 '您好！', '近好！'이고, 절기에 따라, 변화를 주는데, 예를 들어, '新年好！', '春节愉快！'는 호칭 아랫줄에 쓰고, 앞에 두 칸을 띄우며, 자체적으로 한 문단이 됩니다.

接下来便是正文的主要部分——主体文，即写信人要说的话。它可以是叙述说明，也可以是叙情说理、辩驳论证等。这一部分，动笔之前，就应该成竹在胸，明白写信的主旨，做到有条有理、层次分明。若是信中同时要谈几件事，更要注意主次分明，有头有尾，详略得当，最好是一件事一段落，不要混为一谈。

인사말은 간결하고 적절해야 합니다. 이어지는 것은 본문의 주요부분—주체문인데, 즉 발신인이 하려는 말입니다. 그것은 '叙述说明(서술·설명)'일 수 있고, '叙情说理(도리를 밝힘), 辩驳论证(반박과 논증)' 등일 수도 있습니다. 이 부분은, 글을 쓰기 전에 모든 일이 준비가 되어 있어야 하고, 글을 쓴 목적을 알고 있으며, 조리있고, 순서가 분명해야 할 것입니다. 만약에 편지에 동시에 몇 가지를 이야기한다면, 주된 것과 부차적인 것이 분명해야 하고, 시작이 있고 끝이 있으며, 상세함과 간략함이 적당하고, 가장 좋은 것은 하나의 사건이 하나의 문단이 되어, 섞어서 이야기하지 않는 것입니다.

3. 结尾 正文写完后，都要写上表示敬意、祝愿或勉励的话，作为书信的结尾。习惯上，它被称做祝颂语或致敬语，这是对收信人的一种礼貌。祝愿的话可因人、因具体情况选用适当的词，不要乱用。结尾的习惯写法有两种：

끝말 본문을 다 쓴 후에 경의, 축원 혹은 고무의 말을 써서, 편지의 결말로 삼아야 합니다. 습관적으로 그것은 송축어 혹은 존경의 말이라고 부르는데, 이것은 수신인에 대한 일종의 예의입니다. 축원하는 말은 사람, 구체적인 상황에 따라 적당한 말을 선택할 수 있고, 함부로 써서는 안됩니다. 끝말의 습관적인 사용방법에는 두 가지가 있습니다.

(1) 在正文写完之后, 紧接着写"此致", 转一行顶格或空两格写"敬礼"。
본문이 끝난 후에 바로 이어서 '此致'를 쓰고, 행을 바꾸어서 첫 칸에, 혹은 두 칸을 띄우고 '敬礼'라고 씁니다.

(2) 不写"此致", 只是另起一行空两格写"敬礼"、"安好"、"健康"、"平安"等词, 一定要另起一行空两格, 不得尾缀在正文之后。也可以在正文结尾下另起一行写"祝你"、"敬祝", 再空两格写上"安好"、"健康"等。
'此致'를 쓰지 않고, 단지 행을 바꾸어 두 칸을 띄워서 '敬礼', '安好', '健康', '平安' 등의 단어를 쓰는데, 반드시 행을 바꾸어 두 칸을 띄워야 하며, 본문 뒤에 끝부분에 붙여서는 안됩니다. 본문 말미에 행을 바꾸어서 '祝你', '敬祝'라고 쓰고, 두 칸을 띄워서 '安好', '健康'을 쓸 수도 있습니다.

4. **署名和日期** 在书信最后一行, 署上写信人的姓名。署名应写在正文结尾后的右方空半行的地方。如果是写给的亲属、朋友, 可加上自己的称呼, 如儿、弟、兄、侄等, 后边写名字, 不必写姓。日期一项, 用以注明写完信的时间, 写在署名之后或下边。有时写信人还加上自己的所在的地点, 尤其是在旅途中写的信, 更应如此。
서명과 날짜: 편지의 마지막 항에, 발신인의 성명을 씁니다. 서명은 본문 말미 뒤의 우측의 반 칸을 띄운 곳에 써야 합니다. 만약에 친척, 친구에게 쓴다면, 자신의 칭호를 붙이는데, 예를 들면 '儿, 弟, 兄, 侄' 등이고, 우측에 이름을 쓰고, 성을 쓸 필요는 없습니다. 날짜 항은 편지를 다 쓴 시간을 명확히 밝히는 데 쓰이

고, 서명 뒤 혹은 아래에 씁니다. 때로는 발신인은 자신의 소재지를 붙이기도 하는데, 특히 여행 중에 쓰는 편지는 더욱 이렇게 써야 합니다.

◆ 写信的范例 : 편지를 쓰는 범례

敬爱的(亲爱的，尊敬的) ***：

　　您好!
　　感谢你的提醒和教诲，我会铭记于心，以后不会再发生类似的错误和问题，在百忙中给你造成的麻烦，我感到很抱歉……
　　此致
敬礼!

你的朋友某某

2019年11月18日

作业 과제

写一封信给你的朋友或亲人，告诉他(她)你对某件事情的看法。

친구나 가족에게 편지를 한 통 써서, 어떤 일에 대한 당신의 견해를 그 사람에게 알려주시오.

第九课 读后感

제9과 독후감

一. 主题 : 学会各种修辞方式和书写读后感的方法

주제 : 여러 수사 방식과 독후감을 쓰는 방법을 배웁니다

二. 本课要点 이 과의 포인트

1. 熟练掌握"被"字句的句型和各种用法。

   "被"자문의 문형과 각종 용법을 숙달하여 마스터합니다.

2. 掌握一些助动词的用法。

   일부 조동사의 용법을 마스터합니다.

3. 了解读后感的方式。

   독후감의 쓰는 방식을 이해합니다.

4. 写作要点 : 熟悉一些修辞方式

   작문 포인트 : 수사방식들을 숙지합니다.

1. 你最喜欢读的一本书是什么？

   가장 좋아하는 책은 무엇입니까?

2. 给朋友推荐一本书，说一说推荐的理由。

   친구에서 책 한 권을 추천하고, 추천하는 이유에 대해서 말해 보세요.

面朝大海，春暖花开

海子

从明天起，做一个幸福的人

喂马、劈柴，周游世界

从明天起，关心粮食和蔬菜

我有一所房子，面朝大海，春暖花开

从明天起，和每一个亲人通信

告诉他们，我的幸福

那幸福的闪电告诉我的

我将告诉每一个人

给每一条河每一座山取一个温暖的名字

陌生人，我也为你祝福

愿你有一个灿烂的前程

愿你有情人终成眷属

愿你在尘世获得幸福

我只愿面朝大海，春暖花开

从今天起，面向大海，春暖花开

　　海子的诗《面朝大海，春暖花开》写于1989年1月13日，这首诗是海子的代表作之一，也是他流传最广的诗歌之一。"面朝大海，春暖花开"这一句被用于无数晚会的开场白中，整首诗洋溢着一种勃勃生机。初读此诗，感受到的是积极与快乐，再读，却读出了越来越多的悲伤与忧郁。

　　这首诗共三节，第一节虚构了诗人理想中的"幸福的人"的生活图景：既有诗人向往的平凡生活的内容(关心粮食和蔬菜)，又保持了自由、闲散的生活风格(喂马，劈柴，周游世界)，更关键的在于它的清静与独立——独立于社会人群的边缘(面朝大海，春暖花开)。这种幸福是现实与理想、物质与精神的完美统一，属于未来，属于幻想。

　　第二、三节由描绘景象转为抒发情感，诗人由己及人，表达了对亲情友情的珍惜，情感涉及面慢慢展开，胸襟逐渐开阔，尤其诗歌第三节对"陌生人"的三"愿"中，最后的"愿你在尘世获得幸福"，博爱之情溢于言外。轻读此段，我的心被这些清新隽永的语言所打动，也被诗人表现出的真诚与善良而感动。他想要做"一个幸福的人"，愿意把"幸福的闪电"告诉每一个人，即使是陌生人他都会真诚的祝愿他"在尘世获得幸福"，整首诗乍看是以淳朴、欢快的方式发出对世人的真诚祝愿。

　　然而最后一句，情感突然发生逆转，"我只愿面朝大海，春暖花开"，像是在说尘世的幸福与诗人无关，显示出诗人矛盾心理状态：刚对世人表露赤诚心怀，很快转过身，面朝大海，背对众人；既肯定世俗生活的幸福快乐，但又不甘堕入尘世成为俗人，"春暖花开"的祝愿只是诗人临行前给大家的赠品。尽管诗人在诗中想象着尘世的幸福生活，并用平白、温暖的话语表达了对每一个人的真挚祝福，但我们仍旧分明感到在那份坦诚的语气中隐含的忧伤。果然，诗人在写完这首诗的两个月后，于1989年3月26日，卧轨自杀。

川端康成在《临终的眼》里引用了一句话："也许你会笑我，既然热爱自然的美而又想要自杀，这样自相矛盾。然而，所谓自然的美，是在我'临终的眼'里映现出来的。"可否说，"面朝大海，春暖花开"，也可能是长久以来感觉到"黑暗从内部升起"的海子的一线游离的思绪呢？

我不是诗人，对理想与现实的分裂并没有感到痛苦或孤独，我了解生活总是与梦想的世界不一致，可人生的真正意义就在于明知道生活并不总是"春暖花开"，但依然热爱生活，心怀梦想，相信有一天一定会面向大海，春暖花开。诗人海子无法摆脱内心的束缚，失去了明天，可我们还有，我们还有机会和每一个亲人通信，告诉他们我的每一个快乐的瞬间。从今天起，我要面向大海，春暖花开。

五. 生词 새 단어

□ 愿	[yuàn]	[동사] 바라다. 희망하다.
□ 晚会	[wǎnhuì]	[명사] 야회(夜会). 이브닝 파티(evening party).
□ 开场白	[kāichǎngbái]	[명사] (연극 등의) 개막사. 프롤로그.
□ 洋溢	[yángyì]	[동사] (감정·기분 등이) 양일하다. 충만하다. 넘쳐흐르다.

□ 生机	[shēngjī]	[명사] 활력. 생명력. 생기. 활기.
□ 勃勃	[bóbó]	[형용사] 왕성하다. 발랄하다. 강렬하다.
□ 初读	[chūdú]	처음 읽다.
□ 悲伤	[bēishāng]	[명사] 아픔. 슬픔. 상심함.
□ 忧郁	[yōuyù]	[명사] 우울함.
□ 虚构	[xūgòu]	[동사] 꾸며내다. 날조하다. 지어내다.
□ 图景	[tújǐng]	[명사] [비유] 묘사된 경관. 상상 속의 모습[광경]. 미래도. 상상도.
□ 向往	[xiàngwǎng]	[동사] 열망하다. 갈망하다. 동경하다.
□ 平凡	[píngfán]	[형용사] 평범하다. 보통이다. 일반적이다. 그저 그렇다.
□ 蔬菜	[shūcài]	[명사] [식물] 채소. 야채. 푸성귀. 남새. 소채.
□ 粮食	[liángshi]	[명사] 양식. 식량.
□ 自由	[zìyóu]	[형용사] 자유롭다.
□ 风格	[fēnggé]	[명사] 성격. 기질. 스타일. 태도. 성품. [주로 건전하고 고아한 것을 가리킴]
□ 闲散	[xiánsǎn]	[형용사] 한가하고 자유롭다.
□ 世界	[shìjie]	[명사] [구어] 곳곳. 각처. 각지. 도처.
□ 周游	[zhōuyóu]	[동사] 주유하다. 두루 돌아다니다.
□ 劈柴	[pīchái]	[동사] 장작을 패다.
□ 独立	[dúlì]	[동사] 독립하다.
□ 清静	[qīngjìng]	[형용사] (환경이) 조용하다. 고요하다.
□ 边缘	[biānyuán]	[명사] 가장자리 부분. 가.
□ 幻想	[huànxiǎng]	[명사] 공상. 환상. 몽상.
□ 属于	[shǔyú]	[동사] …에 속하다. …의 소유이다.
□ 情感	[qínggǎn]	[명사] 정. 정분 감정. 느낌.
□ 抒发	[shūfā]	[동사] 나타내다. 토로하다.
□ 逐渐	[zhújiàn]	[부사] 점점. 점차.
□ 开阔	[kāikuò]	[형용사] 넓다. 광활하다. (생각이나 마음이) 탁

트이다. 유쾌하다. 명랑하다.

□ 胸襟	[xiōngjīn]	[명사] 마음. 가슴. 심정. 품은 생각. 감정. 느낌.
□ 尘世	[chénshì]	[명사] [불교, 도교] 현세. 속세.
□ 清新	[qīngxīn]	[형용사] 신선하다. 청신하다. 맑고 산뜻하다. 깨끗하고[시원하고] 새롭다.
□ 隽永	[juànyǒng]	[형용사] [문어] (언어·시문 등의) 의미가 깊다[심오하다]. 의미심장하다.
□ 乍看	[zhàkàn]	언뜻 보기에는.
□ 逆转	[nìzhuǎn]	[동사] 역전하다. 뒤집다. 역으로 하다. (원상태로) 돌리다.
□ 矛盾	[máodùn]	[명사] 갈등. 대립. 배척. 배타. 불화. 반목.
□ 显示	[xiǎnshì]	[동사] 현시하다. 뚜렷하게 나타내 보이다. 분명하게 표현하다. 내보이다.
□ 表露	[biǎolù]	[동사] 나타내다. 드러내다.
□ 赤诚	[chìchéng]	[명사] 진심. 진실. 정직함. 성실함.
□ 赠品	[zèngpǐn]	[명사] 선물. 증정품. 경품.
□ 平白	[píngbái]	[형용사] (글이) 쉽고 통속적이다.
□ 分明	[fēnmíng]	[부사] 명백히. 분명히. 확실히.
□ 仍旧	[réngjiù]	[부사] 여전히. 변함없이.
□ 真挚	[zhēnzhì]	[형용사] 성실한. 참된. 진실의. 마음에서 우러나는.
□ 坦诚	[tǎnchéng]	[형용사] 솔직하고 성실하다.
□ 隐含	[yǐnhán]	[동사] 은연중 내포하다. 어떤 의미를 함축하다.
□ 川端康成	[chuānduānkāngchéng]	[명사] [인물] 가와바타 야스나리(Kawabata Yasunari, 1899~1972, 일본 소설가) [1968년 노벨 문학상 수상자]
□ 自相矛盾	[zìxiāngmáodùn]	[성어] (언행이) 앞뒤가 서로 맞지 아니하고 모순되다. 자가당착이다. 자체 모순이다.
□ 一线	[yíxiàn]	[명사] [군사] 일선. 최전선. 최전방.
□ 思绪	[sīxù]	[명사] 기분. 정서. 생각(의 갈피). 사고(의 실마리).

□ 游离	[yóulí]	[동사] [비유] 유리되다. 동떨어지다.
□ 分裂	[fēnliè]	[동사] 분열하다. 결별하다.
□ 痛苦	[tòngkǔ]	[명사] 고통. 아픔. 비통. 고초.
□ 孤独	[gūdú]	[명사] 외로움. 쓸쓸함.
□ 束缚	[shùfù]	[동사] 구속하다. 속박하다. 제한하다.
□ 内心	[nèixīn]	[명사] 마음. 마음속. 속. 속내.

六. 课堂练习 본문 연습

1 根据课文回答问题 본문에 근거하여 질문에 답하시오

① 这篇文章是读了什么作品之后写的读后感？

② 作者开始读这首诗的时候有什么感觉？后来呢？

③ 作者认为这首诗的第一节主要写了什么？

④ 作者认为第二节和第三节写了什么？

⑤ 作者读了这首诗以后被什么打动了？

⑥ 作者为什么会认为原诗作者很善良？

⑦ 作者通过这首诗的哪一句感受到了忧伤？

⑧ 作者引用川端康成的那句话是想说明什么？

⑨ 作者读了这首诗以后也觉得痛苦吗？

⑩ 你读了这首诗以后有什么感受？

2 模仿这首诗的格式，试着写出自己的诗

从明天起，做一个_____人

_____、_____，_____

从明天起，关心_____

我有一所房子，面朝大海，春暖花开

从明天起，_____

告诉他们，_____

_____

我将告诉每一个人

_____

陌生人，我也为你祝福

愿你_____

愿你_____

愿你_____

我_____

3 用下列词写一篇短文 다음의 단어를 사용하여 글을 쓰시오

> 欢快　然而　被　感动　表现

4 概括课文的每个段落大意 본문의 각 문단을 요약하기

5 向别人介绍一下你最近读的一本书 최근에 읽은 책을 다른 사람에게 소개해 보시오

七. 语法要点 어법 포인트

1 "被"字句 "被"자문

　"被字句"是指用介词"被"或"叫、让"等引进动作施事的句式叫做"被字句"，表示主语由于人或物非故意或非所愿造成某种后果。

　'被'자 구문은 전치사 '被'를 이용해 피동을 나타내는 피동문은 '被'자구라고 합니다. '被' 이외는 '叫, 让'도 있다. 피동문은 어떤 사람이나 사물에 의해 의도하지 않았거나 원하지 않은 일을 당했음을 나타냅니다.

(1) 구조

> 受事主语＋被/让/叫＋(施事宾语)＋(所)＋谓语动词(及物动词)＋其他成分
> 주어(행위대상)＋'被/让/叫'＋【목적어(행위주)】＋【所】＋동사술어(타동행위)＋기타성분

- 我的书被他拿走了。　그 사람이 내 책을 가져가 버렸다.
- 钥匙让我找到了。　내가 열쇠를 찾아냈다.

(2) "被"字句要点 "被"자 구문 주의점

① 主语 주어
　"被"字句的主语即受事一定是确指的。
　'被'자 구문의 주어는 동작을 당하는 대상으로 확실해야 합니다.

　　그는 여자 친구한테 차였다.

- 那个人被女朋友甩了。
- 一个人被女朋友甩了。(×)

② 宾语 목적어

"被"字句的宾语可以省略，但在"叫/让"句中，宾语必须出现。

'被'자 구문의 목적어가 생략될 수 있으나, 让/叫을 사용할 때는 반드시 목적어가 표시되어야 합니다.

- 啤酒被(我)喝完了。　맥주를 내가 다 마셨다.
- 窗户叫他打开了。　창문은 (그에 의해) 열렸다.

③ 状语一般放在"被"字前面，比如时间状语、否定词等。

부사어는 일반적으로 '被'자 앞에 위치합니다. 예를 들면, 시간부사어, 부정부사 등이 있습니다.

- 我弟弟昨天被狗咬了。　내 남동생은 어제 개한테 물렸다.
- 我弟弟昨天没被狗咬伤。　내 남동생은 어제 개한테 물리지 않았다.

④ 动词后面的其他成分：除了可能补语以外，其他的补语都可以。还有，动态助词"了/过"是可以的，但"着"是不可以的。

동사 뒤에는 기타성분으로 가능보어를 제외한 대부분의 보어가 올 수 있습니다. 또, 동태조사 '了/过'는 가능하지만, '着'는 동사 뒤에 나타날 수 없습니다.

- 书被他借走了。
- 书被他借着。(×)
- 书被他借得走。(×)

⑤ 除此之外，还有一些实际意义表示被动，但句中没有"被/叫/让"等词。主语不是施事者而是受事者，也是说话方和听话方都明确知道的对象。句中的谓语动词一般不单独使用，常和助动词、状语、补语、动态助词"了/着/过"等同时出现。

아무런 표지가 없는 피동문을 의미상 피동문이라고 합니다. 이런 피동문에서 주어는 실제 행위의 주체가 아닌 대상이며, 확정된 사물입니다. 이 경우 동사 술어는 일반적으로 단순한 하나의 단어가 아니며, 보어, 부사어, 조동사, 동태조사 了 / 着 / 过 등을 동반합니다.

- 信已经写好了。　편지는 이미 다 썼다.
- 饭正做着。　밥을 지금 막 하고 있다.
- 这个字念错过。　이 글자를 잘못 읽은 적 있다.
- 书他借走了。　책은 그가 빌려 갔어.

9-1. 翻译下面的"被"字句 한국어로 번역하시오

① 墙上的画被风刮下来了。

② 她被男朋友骗了。

③ 我被大家看成了小偷。

④ 妈妈被弟弟给气坏了。

⑤ 我被他的音乐所感动。

⑥ 水送来了。

⑦ 电影票卖光了。

⑧ 饭做好了。

▶ 似是而非 **시시이비**

解释：似：象；是：对；非：不对。好象是对的，实际上不对。

似 — 비슷하다, 是 — 맞다, 非 — 틀리다. 맞는 것 같지만, 실제로는 틀리다.

例 ：她的话似是而非，让人不敢相信。

그의 말은 맞는 것 같지만 실제로는 틀리다. 사람으로 하여금 섣불리 믿지 못하게 만든다.

▶ 随机应变 **수기응변**

解释：机：时机，形势。随着情况的变化灵活机动地应付。

机 — 시기, 형세. 상황의 변화에 따라 기민하게 대응하다.

例 ：记者做现场采访要有随机应变的能力。

기자는 현장 인터뷰를 할 때에, 상황에 변화에 따라 기민하게 대응하는 능력이 있어야 한다.

▶ 异口同声 **이구동성**

解释：异：不同。形容人们的说法完全一致。

异 — 다르다. 사람들의 말이 완전히 일치함을 형용한다.

例 ：众人异口同声地高喊："再来一个！"

사람이 이구동성으로 높게 소리질렀다. "하나 더!"

9-2. 用"被"字句描述下列图中内容

'被'자문을 사용해서 다음 그림 중의 내용을 묘사하시오

1) _____

2) _____

3) _____

4) _____

八. 词汇要点 어휘 포인트

◆ 常见的助动词的用法 자주 쓰는 능원동사의 용법

1. 能愿动词，也称助动词，一般位于动词前面，表示能力、愿望、需要、可能、应该等。常见的能愿动词有：要、想、能、打算、会、得、可能、愿意、可以、应该、肯、敢等。

   조동사(능원동사)：동사 앞에 쓰이며, 능력이나 바람을 나타내는 동사입니다. 동사 앞에 위치하여 바람, 필요, 가능, 당부 뜻을 나타내는 동사로, 要, 想, 能, 打算, 会, 得, 可能, 愿意, 可以, 应该, 肯, 敢 등이 있습니다. 반드시 동사와 함께 쓰이며, 단독으로 문장성분이 될 수 없습니다.

   (1) 助动词不能单独做谓语，必须和一般动词同时使用，在一般动词之后，不能出现"了/着/过"等助词。

   조동사 용법：조동사 있으면 그 뒤에 반드시 동사가 있습니다. 그 동사 뒤에도 了 / 着 / 过가 나올 수 없습니다.

   - 他要学习汉语。　그는 중국어를 배우려고 한다.
   - 我想去旅游。　나는 여행을 가고 싶다.
   - 你应该注意身体。　당신은 건강에 신경 써야 한다.

   (2) 否定形式为"不＋助动词"

   조동사는 부정식은 不＋조동사입니다.

   - 他不会开车。　그는 운전할 줄 모른다.

• 教室里不可以抽烟。　교실에서 담배를 피워서는 안된다.

(3) 其正反疑问句的形式为"助动词＋不＋助动词"

조동사가 쓰인 문장의 정반의문문은 동사가 아닌 조동사의 긍정형과 부정형을 나열합니다.

• 你能不能陪我去趟首尔？

너는 오늘 서울에 같이 갈 수 있니?

• 你愿不愿意和我一起去中国旅行？

너는 나랑 중국에 같이 여행가고 싶니?

(4) **想**

"做一般动词使用时，表示"思考"，做能愿动词使用时，表示"愿望、打算和计划"等。

일반동사로 '생각한다'란 의미가 있으며 조동사로 쓰일 때 앞으로의 '바람, 계획, 의향'을 나타냅니다.

• 毕业后她想当一名老师。

졸업 후에 그녀는 교사가 되고 싶어 한다.

• 我不想总是依靠父母。

나는 항상 부모님을 의지하고 싶지는 않다.

(5) **愿(意)**

愿意和愿都可以表示乐意、喜欢做某事。但"愿意"更多的倾向表示与自己的主观意愿一致因而"同意、赞成"。"愿"则多表达对他人的祝愿和祝福。

愿意(~하기를 바라다)는 愿과 비교해서, 더욱 주관적으로, 자신의 바람과 일치하여 동의함을 나타냅니다. 愿는 남에게 바람과 축원, 축복, 기원을 나타냅니다.

- 我愿意和你结婚。

  나는 너와 결혼하길 원한다.

- 我愿您在新的一年心想事成。

  새해에는 네가 꼭 소원을 이루길 바래.

(6) 可能

表示推测或预测事件发生的可能性，一般谓语谓语动词前，可以与副词"很"或者助动词"会"连用。

아마도~일지도 모른다 (예측, 추측). 주어 앞이나 술어 앞에 위치합니다. 부사 很이나 조동사 会를 동반합니다.

- 张先生可能走了。　장선생님은 아마도 가셨을 거야.
- 这样做，可能会失败的。　이렇게 하면 실패할 가능성이 커.
- 他很可能被别人骗了。　그는 다른 사람에게 속았을 가능성이 높다.

(7) 能 / 可以

能与可以都可以表示有无能力或者是否许可等。

~할 수 있다, ~해도 좋다. 능력의 유무 및 허가와 금지를 나타냅니다.

- 你今天能写完作业吗？　오늘 숙제를 다 할 수 있겠니?
- 图书馆内不能大声喧哗。　도서관에서 큰소리로 떠들어선 안 된다.
- 可以进来吗？　들어가도 됩니까?

(8) "可以" 与 "能" 的区别　'可以'와 '能'의 구별

둘 다 '~할 수 있다'라는 뜻을 가지고 있지만, 아래와 같은 차이가 있습니다.

a. 表示主观能力的"可以" 주관능력을 표시하는 '可以'

　　"能"表示能力为主，"可以"表示可能性为主。当我们表示善于做某事时，只能用"能"和"会"，不能用"可以"。但是如果表示能力达到一定水平，则可以用"可以"。

　　"能"은 주로 능력을 나타내고, "可以"는 주로 가능성을 나타냅니다. 어떤 일을 잘한다고 말할 때에, "能", "会"만을 사용할 수 있고, "可以"를 쓸 수 없습니다. 그러나만약에 능력이 일정한 수준에 도달했다는 것을 말한다면, "可以"를 쓸 수 있습니다.

　　如 : 他一分钟可以打100个字。　그는 1분에 100자를 칠 수 있습니다.

b. 表示客观可能性的"可以" 객관적 가능성을 표시하는 '可以'

　　当表示客观上具有可能性，可以用"可以"，同时表示可能性。

　　객관적으로 가능성이 있음을 표시할 때에는, "可以"를 사용할 수 있습니다.

　　如 : 天气热了，可以游泳了。　날씨가 더워져서, 수영을 할 수 있게 되었다.

　　　　床很大，可以睡三个人。　침대가 커서, 세 사람이 잘 수 있다.

　　当表示没有可能性时，应该用"不能"。

　　가능성이 없음을 표현할 때에, "不能"을 써야 합니다.

　　如 : 我明天考试了，今晚不能陪你去逛街了。

　　　　나는 내일 시험을 봐야 해서, 오늘 밤에 너와 같이 쇼핑을 갈 수 없다.

c. 表示建议的"可以"。当要向别人提出建议时，用"可以"。

　　건의를 표시하는 '可以'. 다른 사람에게 건의를 할 때 '可以'를 사용합니다.

　　如 : 你可以多听，多写，多看。　당신은 많이 듣고, 많이 쓰고, 많이 보세요.

　　　　他可以找他的老师帮忙。　그는 선생님에게 도움을 구할 수 있다.

d. "能"可以和"愿意"连用，"可以"不行。

　　'能'은 '愿意'와 같이 쓰일 수 있지만, '可以'는 안 됩니다.

e. "可以"能做谓语，"能"不行。 '可以'는 술어가 될 수 있지만 '能'은 안 됩니다.

- 你这么做也可以。 너는 이렇게 해도 괜찮다.
- 你这么做也能。（×）

9-3. 빈칸에 알맞은 조동사를 쓰세요

可以　愿意　想　愿　可能

① 我不饿，不＿＿＿＿＿吃东西。
② 今天＿＿＿＿＿做完吗？
③ 我＿＿＿＿＿放弃这次机会。
④ ＿＿＿＿＿是因为生病了，他的脸色不太好。
⑤ ＿＿＿＿＿你一切顺利。

九. 写作要点：修辞 작문 포인트：수사

1. 比喻 비유법

比喻是指将我们要描述的事物(本体)通过一些词(喻词)指成另一件事物(喻体)的修辞法。

비유법은 원관념(표현하고자 하는 대상), 보조관념(비유되는 대상), 비유어 세 부분으로 이루어져 있습니다. 자주 쓰이는 비유어는 다음과 같습니다.

好像 / 像 마치 ~와 / 과 같이   如 / 似 ~와 / 과 같이

仿佛 / 若 마치 ~같이   是 ~이다   成为 ~이 / 가 되다

- 每一树梅花都是一首诗。 매 그루의 매화는 모두 한 편의 시이다.

2. 拟人 의인 / 의물법

把事物当成人来描写的一种修辞法。

사물을 사람으로 여겨 묘사(의인)하거나, 사람을 사물로 여겨 묘사하는 수사법입니다.

- 我要给每一条河和每一座山取一个温暖的名字。

  나는 모든 강과 모든 산에 따뜻한 이름을 지어주려고 한다.

- 结婚十年, 他们夫妻制造了五个孩子。

  결혼한 지 10년, 그들 부부는 5명의 아이를 만들었다.

3. 夸张 과장법

为了强调或突出事物的某个特征, 有意识地用夸大地言辞来形容事物。

사물의 특성을 강조하거나 강렬한 감정을 전달하기 위해 사물 자체가 갖고 있는 것보다 좀 더 확대 과장해서 표현하는 수사법입니다.

- 这件事把我的鼻子都气歪了。

  이 일 때문에 나는 화가 나서 뚜껑이 열렸다.

4. 排比 배열

结构和意义相同或相似, 内容相关, 语气一致地短语或句子连在一起, 加强语势或深化语义。

구조와 의미가 비슷하거나 어기가 유사한 일련의 문장으로 감정을 전달하고 사

물을 반영하여 어기를 강화하는 수사법입니다.

- 愿你有一个灿烂的前程, 愿你有情人终成眷属, 愿你在尘世获得幸福。

   당신에게 찬란한 앞길이 있기를 기원하고, 당신에게 결실을 이룰 연인이 있기를 기원하며, 당신이 세상에서 행복을 얻기를 기원합니다.

十. 句型练习 문형 연습

1 "被"字句 "被"자문 연습하기

我被他吓了一跳。

词典被人撕掉了一页。

我的玩具被妹妹拿走了一部分。

他的车被我偷开了几天。

2 "让"字句 "让"자문 연습하기

孩子让妈妈给惯坏了。

我让他给骗了。

花瓶让我给打碎了。

我让奶奶给骂了。

3 想+一般动词 조동사 "想"+일반동사 연습하기

今天我想去学校。

孩子想多学几门外语。

诗人海子想远离尘世。

我想把人民币换成韩币。

---

4 可能+一般动词 조동사 "可能"+일반동사 연습하기

他可能去上海了。

这句话可能不是她的本意。

这可能是一个母亲的本能吧？

他自杀的原因可能是因为失恋。

十一. 思考与写作练习 생각하고 작문하기

如何写读后感 어떻게 독후감을 쓰는가?

在读过一篇文章或一本书之后，把获得的感受、体会以及受到的教育、启迪等写下来，写成的文章就叫"读后感"。读后感的基本思路如下：

한 편의 글 혹은 한 권의 책을 읽은 후에, 얻게 된 느낌 혹은 소감 및 교육, 깨달음 등을 쓰는데, 이렇게 쓴 문장을 '독후감'이라고 합니다. 독후감의 기본 사고의 실마리는 아래와 같습니다.

1. 简述原文有关内容。如所读书、文的篇名、作者、写作年代，以及原书或原文的内容概要。写这部分内容是为了交代感想从何而来，并为后文的议论做好铺垫。

   원문의 관련 내용을 간단히 기술합니다. 예를 들면, 읽은 책, 글의 편명, 저자, 저

술연대, 및 원서 혹은 원문의 내용개요입니다. 이 부분의 내용을 쓰는 것은 감상이 어디에서 오는 것인지를 알려주기 위함이고, 뒷문장의 토론을 위해서 밑바탕을 깔기 위함입니다.

2. 亮明基本观点。选择感受最深的一点，用一个简洁的句子明确表述出来。这样的句子可称为"观点句"。这个观点句表述的，就是这篇文章的中心论点。"观点句"在文中的位置是可以灵活的，可以在篇首，也可以在篇末或篇中。

   기본 관점을 분명히 합니다. 느낌이 가장 깊은 생각을 선택하여, 간결한 문장으로 분명히 표현해냅니다. 이러한 문장은 '관점문'이라고 부를 수 있습니다. 이러한 관점문이 기술하는 것은 바로 이 문장의 중심논점입니다. '관점문'의 글 중에서의 위치는 자유로운데, 글 처음에 놓일 수도 있고, 글 끝 혹은 글 중간에 놓일 수도 있습니다.

3. 围绕基本观点摆事实讲道理。这部分就是议论文的本论部分，是对基本观点(即中心论点)的阐述，通过摆事实讲道理证明观点的正确性，使论点更加突出、更有说服力。

   기본 관점과 연관된 사실을 들어가며 이치를 설명합니다. 이 부분이 바로 토론문의 본론 부분이고, 기본관점(중심논점)에 대한 기술이며, 사실을 들어가며 이치를 설명하는 것을 통해서 관점의 정확성을 증명하여, 논점이 더욱 두드러지고, 더욱 설득력을 갖도록 합니다.

4. 围绕基本观点联系实际。这"实际"可以是个人的思想、言行、经历，也可以是某种社会现象。联系实际时也应当注意紧紧围绕基本观点。

   기본관점과 연관된 현실을 논술합니다. 이 '현실'이란 개인의 사상, 언행, 경력일 수 있고, 이 사회의 현상일 수도 있습니다. 현실과 연관 지을 때 기본 관점에 긴밀하게 연관되어야 함에 유의해야 합니다.

以上四点是写读后感的基本思路，但是这思路不是一成不变的，可以灵活运用。

　　이상의 4가지는 독후감을 쓰는 기본 생각의 실마리이지만, 이러한 생각의 실마리는 고정불변하는 것은 아니고, 자유롭게 운용할 수 있습니다.

写一篇读后感，字数要求300字以上。

한 편의 독후감을 쓰세요. 글자 수는 300자 이상입니다.

第十课 求职简历的写作

제10과 구직 이력서 쓰기

一. 主题：学会制作求职简历表和写求职自我介绍

　주제：구직용 이력서를 작성하고 구직용 중국어 자기소개서를 쓰는 것을
　배웁니다

二. 本课要点 이 과의 포인트

1. 学会一些近义词的区别以及如何选择合适的词。

　비슷한 단어의 구별 및 적당한 단어를 선택하는 것을 배웁니다.

2. 熟练掌握使动句的用法。

　사역문의 용법을 마스터합니다.

3. 熟悉一些常用的自我介绍的句子。

　자주 쓰는 자기소개의 문장들을 익힙니다.

4. 写作要点：了解一些自我介绍书写的方式。

　작문 포인트：자기소개의 글짓기 방식들을 이해합니다.

① 毕业后你想找什么工作？

졸업 후에 무슨 일을 찾으려고 합니까?

② 如果你是公司的总经理，你希望找到什么样的新职员？

만약에 회사의 사장이라면, 어떤 신입직원을 찾기를 희망합니까?

四. 范文讨论与学习 본문 토론과 학습

自我介绍

首先，十分感谢您能抽出宝贵的时间予以审定，我真诚地渴望能加入贵公司，为贵公司的长远发展贡献自己的青春和智慧！

我叫李冬天，是韩国大学电气自动化专业的一名学生，2019年2月即将毕业。在校期间，我努力学习，不断完善超越自己，养成了独立分析和解决问题的能力，同时也具备了一定的团队合作精神。严峻的就业形势使我对知识无比尊重，我努力学习自己的专业基础知识，曾经连续两年获得学校奖学金，也曾在校内演讲大赛中获得一等奖。大学也是衔接社会的平台，从进校开始，除了学习必要的理论课程，我利用课余时间广泛地涉猎了大量书籍，还把大量课余时间投入到了社会实践、社会工作。2015年和2016年暑假期间，与其它同学一起去菲律宾进行社会志愿活动。2016年和其他同学一起获得过全国大学生创新大赛一等奖。在那些锻炼中我获益良多，不仅是个人能力的培养，更多的是服务意识、团队合作意识、社会责任意识。

平时我喜欢运动、旅游和看书，虽然大学生活中学习、社会实践占了很大部分，但是时间还是靠自己挤出来的，尤其是在课余时间我都在培养自己的兴趣爱好。我觉得运动能够锻炼身体、增强体魄；旅游和交友可以让我们开眼看世界；而书本，特别是中国社会、历史、经济等方面的书，既可以提升自己的专业水平，又可以丰富我的业余技能知识。用一只眼睛观察周围的世界，用另一只眼睛审视自己！我在平常生活中注意自己的谈吐、举止，积累与他人沟通的经验，争取做到：今天的我比昨天的我做的好！还有友善真诚是我的待人态度，顾全大局是我的处世风格，乐观豁达是我的个性特征，重视团队意识和服务意识是我最大的特长。

除此之外，大学三年级第二学期我还到中国山东大学访学，在那期间，获得优异成绩。我还参与了多个项目和竞赛，并获得了中国老师的肯定。大学三年，我深深地感受到，与优秀学生共事，使我在竞争中获益；向实际困难挑战，让我在挫折中成长。前辈们教我勤奋、尽责、善良、正直；大学的三年培养了我实事求是、开拓进取的作风。我热爱贵单位所从事的事业，殷切地期望能为这一光荣的事业添砖加瓦；我会在实践中不断学习、进步。虽然在众多的应聘者中我不一定是最优秀的，可是我仍很自信，请关注我 的未来！

基于对贵单位的了解，及实力和发展前景，特呈上简历一份，希望您能给我这次机会，我一定还你一份满意！诚盼佳音，深表谢意！

2018年 12月 11日

五. 生词 새 단어

□ 审定	[shěndìng]	[동사] 심사하여 결정하다.
□ 发展	[fāzhǎn]	[동사] 발전하다.
□ 长远	[chángyuǎn]	[형용사] (미래의 시간을 가리켜) 길다. 원대하다. 장구하다. 항구적이다.
□ 青春	[qīngchūn]	[명사] 청춘.
□ 智慧	[zhìhuì]	[명사] 지혜.
□ 自动化	[zìdònghuà]	[동사] 자동화하다.
□ 电气	[diànqì]	[명사] 전기.
□ 完善	[wánshàn]	[동사] 완벽하게[완전하게] 하다.
□ 超越	[chāoyuè]	[동사] 넘다. 넘어서다. 능가하다. 초월하다. 추월하다. 뛰어넘다.
□ 合作	[hézuò]	[동사] 합작하다. 협력하다.
□ 严峻	[yánjùn]	[형용사] 중대하다. 심각하다. 모질다. 가혹하다.
□ 形势	[xíngshì]	[명사] 정세. 형편. 상황.
□ 就业	[jiùyè]	[동사] 취직하다. 취업하다.
□ 衔接	[xiánjiē]	[동사] (두 사물이나 사물의 두 부분이 서로) 맞물리다. 맞물다. 잇다. 이어지다. 연결하다. 연결되다.
□ 涉猎	[shèliè]	[동사] 대강 읽다. 대충 훑어보다. 두루 섭렵하다.
□ 社会	[shèhuì]	[명사] 사회.
□ 创新	[chuàngxīn]	[명사] 창의성. 창조성. 창의.
□ 获益	[huòyì]	[동사] 이득[이익]을 얻다.
□ 挤	[jǐ]	[동사] 시간을 내다.
□ 体魄	[tǐpò]	[명사] 신체와 정신. 체력과 기백.
□ 举止	[jǔzhǐ]	[명사] 행동거지.
□ 谈吐	[tántǔ]	[명사] (말할 때의) 말투와 태도. 말하는 스타일.

□ 积累	[jīlěi]	[동사] (조금씩) 쌓이다. 누적되다. 축적되다.
□ 沟通	[gōutōng]	[동사] 잇다. 연결하다. 서로 통하게 하다. 교류하다. 의견을 나누다. 통하다. 소통하다. 트다. 열다.
□ 顾全大局	[gùquándàjú]	[성어] 전반적인 국면을 고려하다.
□ 乐观	[lèguān]	[형용사] 낙관적이다. 희망차다.
□ 豁达	[huòdá]	[형용사] 도량이 넓다. 속이 깊고 너그럽다. 생각이 확 트이다. 성격이 활달하다[명랑하다].
□ 挫折	[cuòzhé]	[명사] 좌절. 실패.
□ 开拓	[kāituò]	[동사] 개척하다. 개간하다. 확장하다.
□ 实事求是	[shíshìqiúshì]	[성어] 실사구시. 사실에 토대로 하여 진리를 탐구하다.
□ 进取	[jìnqǔ]	[동사] 진취하다. 향상하려[이루려] 노력하다.
□ 殷切	[yīnqiè]	[형용사] 마음에서 우러나오는. 간절하다. 진지하고 절실하다.
□ 添砖加瓦	[tiānzhuānjiāwǎ]	[성어, 비유] (위대한 사업에) 적은 힘이나마 이바지하다[보태다].
□ 应聘	[yìngpìn]	[동사] 초빙에 응하다. 지원하다. ↔[招聘(zhāopìn)]
□ 佳音	[jiāyīn]	[명사] [문어] 기쁜[좋은] 소식. 희소식.

六. 课堂练习 본문 연습

1 根据课文回答问题 본문에 근거하여 질문에 답하시오

① 这是一份投给谁的自我介绍？

② 本文一共分几段？

③ 第一段的主要内容是？

④ 第二段的主要内容是？

⑤ 第三段的主要内容是？

⑥ 第四段的主要内容是？

⑦ 第五段的主要内容是？

⑧ 作者的性格怎么样？

⑨ 你认为全文最重要的段落是？

⑩ 如果你要写自我介绍，会重点介绍什么内容？

2 选择合适的搭配连线（可以一对多）
적합한 배합을 찾아 선으로 연결하시오（일대다 연결도 가능함）

① 培养	水平
② 积累	意识
③ 利用	时间
④ 丰富	能力
⑤ 提升	知识
⑥ 增强	精神
⑦ 参加	体魄
⑧ 具备	活动
⑨ 抽出	时间
⑩ 重视	经验

3 练习夏述这篇自我介绍文的主要内容
이 자기소개글의 주요 내용을 자신의 언어로 말하는 연습을 하시오

4 和旁边的同学讨论，你认为自己适合什么工作？ 毕业之后打算找什么工作？
자신이 어떤 직업에 적합한지, 졸업 후에 어떤 직업을 찾을 생각인지를 주위 사
람과 토론하십시오. 졸업 후에 어떤 직업을 찾을 생각입니까?

七. 语法要点 어법 포인트

1 使动句 사역문

使动句是兼语句中的一类，多表示致使义。常用的动词有"使、叫、让"等词。
'使', '叫', '让'를 쓰는 사역문이 대표적인 겸어문입니다.

(1) 结构 구조

> 主语(施事者)＋叫/让/使＋宾语(致使对象/后面动词的施事者)
> ＋动词(致使行为)＋其他成分
> 주어(행위주제)＋叫/让/使＋목적어(사역대상)
> ＋술어(사역의 대상자에게 시키는 행위)＋부가성분

- 让我介绍一下。　제가 소개하겠습니다.
- 老师让我去中国留学。

   선생님은 나에게 중국으로 유학가라고 하셨다.
- 这部小说使我十分感动。　이 소설은 나를 감동시켰다.

(2) 要点 주의점

① 动词"让"的语气比较委婉。

让이 가장 부드러운 표현입니다.

② 动词"使"最常用，比较郑重，书面语中常用。

使는 관용적인 표현에 자주 쓰입니다. 또 약간 딱딱한 문어체의 말투라고 할 수 있습니다.

③ "使"和"感动、高兴、满意"等心理动词共用的时候，心理动词前面可以加程度副词"很、非常"等。

使는 심리활동을 나타내는 感动, 高兴, 满意 등과 쓰이고, 정도부사와 함께 쓸 수 있습니다.

④ 并非所有"使"字句都具有动作行为发生的意义，有时也与非动作行为词连用。如："使他满意""使他高兴"等。

使은 모두 직접적인 동작 행위를 '하게 하다'가 아니라, 때로는 '누군가를 기쁘게 하다', '누군가를 만족시키다'라는 뜻을 나타내는 비동작적인 단어와도 결합하여 쓰입니다.

⑤ "叫、让、使"句中，第二个致使行为动词不出现，出现其他形容词等，也可以表致使义。

'叫/让/使'의 사역문장 중에서, 두 번째 사역을 받는 동사가 없이, 다른 형용사 등이 출현해도, 사역의미를 나타낼 수 있습니다.

- 虚心使人进步，骄傲使人落后。

  겸허함은 사람을 발전시키고, 교만함은 사람을 퇴보시킨다.
- 这件事使我非常高兴。

  이 일은 나를 아주 기쁘게 한다.
- 他的话使我大吃一惊。

그의 이야기는 나를 깜짝 놀라게 한다.

● 这确实为难你了。

이거 참 난감하시겠어요.

10-1~5. 使动句练习

10-1. 한국어로 번역하세요

① 严峻的就业形势使我对知识无比尊重。

② 旅游和交友可以让我们开眼看世界。

③ 与优秀学生共事，使我在竞争中获益。

④ 向实际困难挑战，让我在挫折中成长。

⑤ 读书可以丰富我的业余技能知识。

10-2. 중국어로 번역하세요

① 그의 말은 나를 매우 감동시킨다.

② 그는 내가 너를 대신하지 못하게 한다.

③ 회사는 우리를 필리핀에 파견하여 일하도록 했다.

④ 그는 사람을 보내 소식을 알아보게 한다.

⑤ 불량 학생이 학교의 분위기를 흐린다.

10-3. 下面每组有四个句子，从中找出有语病的那一项

다음 각 조에는 4개의 문장이 있는데, 그 중에서 틀린 문장을 고르시오

(1) A 他把那个苹果吃一吃。

　　B 请把这张表填一下。

　　C 你把这些钱带着吧。

　　D 把你的护照给我看看。

(2) A 那本书被他买下了。

　　B 那件事情被妈妈知道了。

　　C 玻璃杯子被打破了。

　　D 他的钱包被丢了。

(3) A 今天比昨天热一点。

　　B 今天比昨天还热。

　　C 今天比昨天很热。

　　D 今天比昨天热多了。

(4) A 我来中国一年多了。

　　B 我去图书馆找了三次他。

　　C 你们快进教室来吧。

　　D 我看完那本书了。

(5) A 这儿不能进来。

　　　B 他很会说话。

　　　C 这件事是他应该做的。

　　　D 今天我会了游泳。

(6) A 爸爸不让我上网。

　　　B 经理请大家积极发言。

　　　C 他让我那件事告诉老师。

　　　D 公司派他去韩国出差。

10-4. 找出最合适的一项 다음 중 가장 적당한 것을 고르시오

(1) 对于普通双排5座轿车而言，应该把哪个座位留给客人才是最有
　　礼貌的做法呢?专家表示，在社交应酬中，如果主人自己驾车陪
　　客人出去玩，那么副驾驶就是最有礼貌的座位。而在公务接待
　　中，副驾驶后面的座位是最礼貌的座位。

　　☞ 主题是：윗글의 주제는?
　　A 哪个位置最舒适
　　B 哪个位置最安全
　　C 哪个位置留给客人最礼貌
　　D 客人最喜欢哪个位置

(2) 提到苹果，人们总是会第一个想到iPhone，作为苹果公司的大哥
　　大，它问世的时间并没有很长（只有短短的十二年），但它却超
　　越了其他的"前辈"，根本原因是什么呢？苹果现在作为全球科

技业的一家标杆，iPhone作为它的代表自然有它独特的地方。那么究竟是什么让苹果公司如此有名呢？这就需要让我们从很早开始追溯了。

☞ 本文将要讲述什么内容? 본문은 어떤 내용을 이야기하려고 합니까?
A 苹果公司的发展史
B 苹果公司的特点
C 苹果手机的最新产品
D 苹果和iPhone的差异

(3) 今天，北京大学第三医院，伴随着"哇"的一声啼哭，一个新生命降生。这个男孩。如同当年妈妈出生时一样，他的出生同样引人注目。因为31年前，这名男婴的妈妈郑萌珠——大陆首例试管婴儿，同样出生于北医三院。当然，与宝宝相比，郑萌珠的知名度更高，出生31年来，她始终在公众的视野中，大学毕业后，她又回到北医三院工作，成为医院生殖医学中心的工作人员。

☞ 最适合这段新闻的标题是? 이 뉴스에 가장 적합한 제목는?
A 北京大学第三医院新生命降生
B 中国大陆首例试管婴儿当妈妈了
C 郑萌珠毕业后成为医生
D 郑萌珠的孩子出生了

(4) 根据北京市气象台今早6时发布的预报，今天白天晴转多云，北风2级转南风3-4级（阵风6级），最高气温26℃；夜间多云转晴，南转北风2-3级，最低气温12℃。气象专家提醒，气温升高加上大风天气侵扰，天干物燥，要格外注意用火安全，谨防火灾发生。

☞ 这段话的主题是? 윗글의 주제는?

A 北京的风很大

B 北京的天气预报

C 北京最近白天比较热

D 北京早晚温差大

八. 词汇要点 어휘 포인트

在写作时，应该注意词语的选择，不仅要注意表达的正确性，还要注意表达的逻辑性和得体性。在选择词语时，应该注意以下几个方面。

작문을 할 때에, 단어를 잘 선택해야 하고, 표현의 정확성에 유의를 하여야 할 뿐만 아니라, 표현의 논리성과 적절성에 유의해야 합니다. 단어를 선택할 때에는 아래 몇 가지 측면에 유의해야 합니다.

1. 意义方面。每个词语都有特定的意义，不要用错，特别是韩国学习者应该注意。

   比如 : "家人"和"家族"

   의미 방면. 매 단어는 모두 특정한 의미가 있어서 잘못 써서는 안됩니다.

   예를 들면, '家人'과 '家族'.

   "家人" : 가족

   "家族" : 같은 계열·체계·풍격·성질의 사람[사물]. 일족. 일문. 일당.

又如表现、表达、表示三词。

表现：표현하다. 사람의 언행이나 정신, 기개 태도 등을 나타내며 자신을 일부러 드러내고 자기 과시를 한다는 의미도 있습니다.

表达：나타내다. 언어나 문자를 통해서 생각이나 감정을 말할 때 쓰입니다.

表示：표시하다. 목적어로 태도나 의견을 나타내는 단어가 주로 오며, 특히 사물이나 부호를 통해 'A表示B' 형식으로 쓰입니다.

2. 感情色彩方面。汉语的词汇有"褒义"和"贬义"之分，比如"面貌" 용모. 생김새. "嘴脸" ─ 용모, 생김새, 얼굴 모습, 상판, 낯짝. 两者意义接近，但前者是褒义词，后者则带贬义。

감정색채측면. 중국어의 어휘에는 '좋은 의미'와 '나쁜 의미'의 차이가 있는데, 예를 들면, '面貌(용모, 생김새)', '嘴脸(용모, 생김새, 얼굴 모습, 상판, 낯짝)'입니다. 양자의 의미는 비슷하지만, 전자는 좋은 의미의 단어이고, 후자는 나쁜 의미의 단어입니다.

3. 语体色彩。有的词适合书面体，有的词适合口语，有的词则是中性体。比如"摄影"--"照相"，前者比较正式，后者则适用于一般口语体。如果在向家人朋友介绍时，可以用不太正式的词汇。但在写求职信时，则要求比较多用书面语。

문체의 색채. 어떤 단어는 서면체에 적합하고, 어떤 단어는 구어체에 적합하며, 어떤 단어는 중성적입니다. 예를 들면, '摄影' ─ '照相'이 있는, 전자는 비교적 공식적이며, 후자는 일반 구어체에 적합합니다. 만약에 가족, 친구에게 소개를 할 때라면, 그다지 정중하지 않은 어휘를 사용할 수 있습니다. 그러나 구직 편지를 쓸 때에는 비교적 서면어를 많이 쓸 것을 요구합니다.

4. 搭配习惯方面。比如"理解"和"了解"。

배합습관의 측면. 예를 들면 '理解'와 '了解'가 있습니다.

"理解"多表示深入地了解，其搭配对象一般是思想、行动、政策、心理等。"了解"则表示泛泛，全面的了解，其搭配对象多为人、政策。例如，理解力、深入理解、彻底理解、理解愿意、理解心境等。了解他，了解实情，了解内幕，了解民情，了解问题。有时，也要考虑音节方面的搭配。单音节词多和单音节词搭配。

'理解'는 주로 깊이 이해함을 표시하고, 그 배합 대상은 일반적으로 사상, 행위, 정책, 심리 등입니다. '了解'는 깊지 않은 것, 전면적인 이해를 표시하고, 그 배합 대상은 주로 사람, 정책입니다. 예를 들면, '理解力(이해력), 深入理解(깊이 이해하다), 彻底理解(철저히 이해하다), 理解愿意(원하는 의미를 이해하다), 理解心境(기분을 이해하다)', '了解他(그를 이해하다), 了解实情(실상을 이해하다), 了解内幕(내막을 이해하다), 了解民情(국민의 형편을 이해하다), 了解问题(문제를 이해하다)'입니다. 때로는 음절 측면의 배합도 고려해야 합니다. 단음절 단어는 주로 단음절 단어와 배합됩니다.

"接受" "接收"

接收：财物、会员、信号等。

接受：任务、教育、教训、训练、批评、帮助、意见、决议、要求、
　　　礼物、奖金等。

5. 词性方面。比如"突然"和"忽然"，"突然"是形容词，"忽然"是副词。"战争"和"战斗"，前者是名词，后者是动词。

품사 측면. 예를 들면 '突然'과 '忽然'이 있는데, '突然'은 형용사이고, '忽然'은 부사입니다. '战争(전쟁)'과 '战斗(전투)'에서 전자는 명사이고, 후자는 동사입니다.

选择填空。적당한 단어를 선택하여 빈 칸을 채우시오.

(1) 刚/刚才

　　我 _____ 来中国一年，还不太习惯。

　　_____ 他打电话来，你不在。

(2) 相信/信任

　　我们都 _____ 你。

　　你不能辜负我们对你的 _____ 。

(3) 只有/只要

　　_____ 天不下雨，我们就出去玩。

　　_____ 他出面，这件事才能办成。

下面的词汇有什么差异?

　　① 表现-表达

　　② 商量-协商

　　③ 建筑-建设

　　④ 相信-信任

九. 写作要点 작문 포인트

1 求职自我介绍的特点 구직시의 자기소개의 특징

(1) 针对性。求职介绍要针对用人单位对岗位的要求、读信人的心理和本人的特点、求职目标等来写。

목적성. 구직시의 자기소개서는 고용 단체의 직위에 대한 요구, 편지 독자의 심리와 본인의 특징, 구직목표 등을 명확하게 써야 합니다.

(2) 自荐性。是指要恰当地推销自己。求职介绍是沟通求职者与用人者的一种媒介，在相互不了解的情况下，求职者要恰如其分地展现自己，用你的"闪光点"吸引对方，以期引起用人单位的兴趣。

자기 추천성. 적절히 자신을 광고해야 함을 가리킵니다. 구직시의 자기소개서는 구직자와 고용인의 일종의 매개체이고, 서로 이해하지 못하는 상황에서, 구직자가 매우 적당하게 자신을 나타내야 하는데, 당신의 '우수한 점'을 사용해서 상대방을 매료시켜서 고용 업체의 흥미를 야기시킬 것을 기대합니다.

(3) 独特性。是指内容和形式不同于一般书信，要想在竞争中取胜，就要出奇。

독특성. 내용과 형식이 일반적인 편지와 다름을 가리키는데, 경쟁 속에서 승리를 쟁취하려면, 특별해야 합니다.

(4) 求实性。求职信要实事求是，不能夸大其词，言过其实。

실사구시성. 구직 이력서는 사실에 입각하여 작성하여야 하고 말을 과장하여, 사실을 벗어나서는 안됩니다.

2 求职自我介绍的内容要素 구직시의 자기소개서의 내용 요소

(1) 求职目标 구직 목표

(2) 求职理由 구직 이유

(3) 求职条件 구직 조건

(4) 附录 부록

十. 句型练习 문형 연습

① 让 / 劝 / 使 / 请 사역동사 연습하기
老师让他写一篇文章。
父母劝我多锻炼身体。
前辈们的态度使我感动。
我请朋友来帮我。

② 双宾语句 겸어문 연습하기
感谢你们能借给我这笔钱。
原谅我年纪小，没有经验。
老师批评我学习不努力。
大家都佩服他能干。

③ 毕业 '毕业'로 작문하기
我毕业于韩国大学中文系。
我即将毕业。

我二零一七年毕业。

我毕了业就进入五星公司工作了。

---

④ 曾(经) '曾(经)'으로 작문하기

我曾经在五星公司工作过一年。

我曾获得过优秀学生奖学金。

他曾跟我一起住过。

我曾经彷徨过一段时间。

十一. 思考与写作练习 생각하고 작문하기

熟悉一些自我介绍书的常用表达：

为人朴实正直，有积极进取的心态，努力拼搏。性格沉稳内敛，做事细心踏实，个性坚韧，能吃苦耐劳，对工作有很强的责任感！有很强进取心和团队协作精神，学习能力、适应能力、承受压力能力较强，善于挑战自我。能够胜任今后的工作，并在实践中不断学习进步！我不认为我比其他人都强，但我有自信做到比其他人强。

本人性格开朗、稳重、有活力，待人热情、真诚；工作认真负责，积极主动，能吃苦耐劳，用于承受压力，勇于创新；有很强的组织能力和团队协作精神，具有较强的适应能力；纪律性强，工作积极配合；意志坚强，具有较强的无私奉献精神。

对待工作认真负责，善于沟通、协调有较强的组织能力与团队精神；活泼开朗、乐观上进、有爱心并善于施教并行；上进心强、勤于学习能不断提高自身的能力与综合素质。在未来的工作中，我将以充沛的精力，刻苦钻研的精神来努力工作，稳定地提高自己的工作能力，与企业同步发展。我虽刚刚毕业，但我年轻，有朝气，有能力完成任何工作。尽管我还缺乏一定的经验，但我会用时间和汗水去弥补。

本人性格开朗善于与人交际，工作上有较强的组织管理和动手能力，集体观念强，具有团队协作精神，创新意识。通过两年的社会生活，我成长了很多。

本人乐观向上，大方开朗，热情务实；善与人交流，人际关系良好，待人诚恳；工作认真负责，具有吃苦耐劳、艰苦奋斗的精神；遇事沉着冷静，理智稳重，适应能力强，具备良好的组织协调能力，注重团队精神、爱好阅读,上网,打羽毛球,旅游。

本人热爱生活，性格开朗活泼，乐观向上，乐于助人，乐于进取，积极勤奋，有团队精神，拥有充实的专业知识，也有独立的思维能力，工作态度认真，乐于与人交往，对艺术有着浓厚的兴趣，从小热爱绘画，热爱设计，在校期间曾参加过班级和校园的绘画展览，手绘能力强，熟练photoshop, coreldraw等设计软件. 希望能成为各大企业一份子，今后务必尽自己能力为贵企业出一份力。

作业 과제

写一篇求职用的自我介绍书。

구직용 자기소개서를 한 편 쓰시오.

단어

A

2과　愛好　[àihào] 1. [동사] 애호하다. …하기를 즐기다. 2. [명사] 취미. 애호.

1과　愛心　[àixīn] [명사] (인간이나 환경에 대한) 관심과 사랑. 사랑하는 마음.

6과　盎然　[àngrán] [형용사] (흥미·분위기가) 차고 넘치다. 진진하다.

6과　暗想　[ànxiǎng] [동사] 속으로 생각하다. 남몰래 강구하다.

B

5과　摆放　[bǎifàng] [동사] 진열하다. 배열하다. 나열하다.

3과　摆脱　[bǎituō] [동사] (속박·규제·생활상의 어려움 등에서) 벗어나다. 빠져나오다. 이탈하다.
　　　　　　　떨쳐버리다.

4과　榜样　[bǎngyàng] [명사] 모범. 본보기. 귀감.

7과　报酬　[bàochou] [명사] 보수. 대가. 수당. 사례금.

9과　悲伤　[bēishāng] [명사] 아픔. 슬픔. 상심함.

7과　弊　[bì] [명사] 문제점. 폐단. 폐해. 해(害).

9과　边缘　[biānyuán] [명사] 가장자리 부분. 가.

6과　编造　[biānzào] [동사] 꾸미다. 창작하다. 허구로 만들다.

9과　表露　[biǎolù] [동사] 나타내다. 드러내다.

3과　兵变　[bīngbiàn] [동사] 군대 내부의 반란. 군사반란. 쿠데타.

7과　必然　[bìrán] [부사] 분명히. 반드시. 꼭. 필연적으로.

9과　勃勃　[bóbó] [형용사] 왕성하다. 발랄하다. 강렬하다.

8과　剥夺　[bōduó] [동사] 박탈하다. 빼앗다.

6과　博学　[bóxué] [형용사] 박식하다. 박학하다.

4과　步伐　[bùfá] [명사] 걸음걸이. 발걸음.

4과　不可思议　[bùkěsīyì] [성어] (사물의 상황·발전·변화 혹은 이론에 대해) 이해할 수 없다. 상상할
　　　　　　　수 없다.

3과　不知不觉　[bùzhībùjué] [성어] 자기도 모르는 사이에. 부지불식간에.

C

8과 惭愧 [cánkuì] [형용사] 부끄럽다. 창피하다. 송구스럽다.

6과 测验 [cèyàn] [동사] 시험하다. 테스트하다.

10과 长远 [chángyuǎn] [형용사] (미래의 시간을 가리켜) 길다. 원대하다. 장구하다. 항구적이다.

2과 产生 [chǎnshēng] [동사] 생기다. 발생하다. 나타나다. 출현하다.

7과 钞票 [chāopiào] 지폐. 돈.

10과 超越 [chāoyuè] [동사] 넘다. 넘어서다. 능가하다. 초월하다. 추월하다. 뛰어넘다.

3과 成绩 [chéngjì] [명사] (일·학업상의) 성적. 성과. 수확.

3과 承受 [chéngshòu] [동사] 받아들이다. 견뎌내다. 감당하다. 감내하다. 이겨내다.

3과 成熟 [chéngshú] [형용사] [비유] 완숙되다. 무르익다. 숙련되다.

9과 尘世 [chénshì] [명사] [불교,도교] 현세. 속세.

9과 赤诚 [chìchéng] [명사] 진심. 진실. 정직함. 성실함.

8과 充分 [chōngfèn] [부사] 힘껏. 십분. 충분히.

2과 充满 [chōngmǎn] [동사] 충만하다. 넘치다. 가득차다.

3과 充实 [chōngshí] [형용사] (주로 내용·인원·재력 등이) 충분하다. 풍부하다. 넘치다.

8과 抽烟 [chōuyān] 담배(를) 피우다. 흡연하다 ☞ [吸烟(xīyān)]

9과 初读 [chūdú] 처음 읽다.

9과 川端康成 [chuānduānkāngchéng] [명사] [인물] 가와바타야스나리(KawabataYasunari, 1899~
　　　　　　　　　　　　　　　　1972, 일본소설가)[1968년 노벨문학상 수상자]

5과 床上用品 [chuángshàngyòngpǐn] [명사] (베개·이불 등) 침구. 침대용품.

10과 创新 [chuàngxīn] [명사] 창의성. 창조성. 창의.

3과 初恋 [chūliàn] [명사] 첫사랑.

7과 次要 [cìyào] [형용사] 부차적인. 이차적인. 다음으로 중요한. ↔ [首要(shǒuyào), 主要(zhǔyào)]

7과 从事 [cóngshì] [동사] 종사하다. 몸담다.

8과 错觉 [cuòjué] [명사] 착각.

8과 错上加错 [cuòshàngjiācuò] [성어] 한 번의 잘못 뒤에 또다시 잘못을 저지름을 이르는 말.

10과 挫折[cuòzhé] [명사] 좌절. 실패.

D

8과 打一圈 [dǎyìquān] 한바퀴를 했다.

2과 打发 [dǎfa] 1. [동사] 시간[날]을 보내다[허비하다].

7과 打工 [dǎgōng] [동사] 아르바이트하다. 일하다. 노동하다.

7과 呆若木鸡 [dāiruòmùjī] [성어] 나무로 깎아 만든 닭처럼 멍하다.

3과 打击 [dǎjī] [동사] 타격을 주다. 공격하다. 의욕이나 기를 꺾다. 손상시키다.

7과 单纯 [dānchún] [형용사] 단순하다.

6과 到底 [dàodǐ] [부사] 도대체. [의문문에 쓰여 깊이 따지는 것을 나타냄]

2과 打算 [dǎsuan] [동사] …할 생각이다[작정이다]. …하려고 하다.

7과 得不偿失 [débùchángshī] [성어] 얻는 것보다 잃는 것이 더 많다.

10과 电气 [diànqì] [명사] 전기.

8과 点烟 [diǎnyān] 담뱃불을 붙이다.

5과 垫子 [diànzi] [명사] 깔개. 방석. 매트. 받침.

5과 地毯 [dìtǎn] [명사] 양탄자. 카펫. 융단.

4과 冻僵 [dòngjiāng] [동사] (추워서) 손발이 곱다. 손발이 얼어붙다.

8과 动人 [dòngrén] [형용사] 감동적이다.

7과 锻炼 [duànliàn] [동사] (일의 능력이나 마음을) 단련하다.

9과 独立 [dúlì] 독립하다.

F

8과 犯错 [fàncuò] 실수하다. 잘못을 저지르다.

4과 放弃 [fàngqì] [동사] (권리나 주장·의견 등을) 버리다. 포기하다.

4과 烦恼 [fánnǎo] [명사] 고민거리. 걱정.

10과 发展 [fāzhǎn] [동사] 발전하다.

4과 风吹雨打 [fēngchuīyǔdǎ] [성어] 비바람을 맞다.

5과 丰富 [fēngfù] [형용사] 많다. 풍부하다. 넉넉하다. 풍족하다.

9과 风格 [fēnggé] [명사] 성격. 기질. 스타일. 태도. 성품.[주로 건전하고 고아한 것을 가리킴]

3과 风俗 [fēngsú] [명사] 풍속.

9과 分裂 [fēnliè] [동사] 분열하다. 결별하다.

9과 分明 [fēnmíng] [부사] 명백히. 분명히. 확실히.

1과 釜山 [fǔshān] 부산.

3과 复学 [fùxué] [동사] 복학하다.

G

4과 公文包 [gōngwénbāo] [명사] 서류가방.

3과 贡献 [gòngxiàn] [동사] 공헌하다. 기여하다. 이바지하다.

10과 沟通 [gōutōng] [동사] 잇다. 연결하다. 서로 통하게 하다. 교류하다. 의견을 나누다. 통하다. 소
        통하다. 트다. 열다.

5과 挂   [guà] [동사] (물체 표면에) 붙어 있다. 덮여 있다. 띠고 있다. 칠해져 있다. 발라져 있다.

6과 观察 [guānchá] [동사] (사물·현상을) 관찰하다. 살피다.

1과 逛街 [guàngjiē] [동사] 길거리를 한가로이 거닐며 구경하다.

3과 光阴似箭 [guāngyīnsìjiàn] [성어, 비유] 세월이 화살처럼 빠르게 지나가다. 세월이 유수와 같다.

9과 孤独 [gūdú] [명사] 외로움. 쓸쓸함.

4과 鼓励 [gǔlì] [동사] 격려하다. (용기를) 북돋우다.

10과 顾全大局 [gùquándàjú] [성어] 전반적인 국면을 고려하다.

H

2과 好奇 [hàoqí] [형용사] 호기심을 갖다. 궁금하게[이상하게] 생각하다.

8과 呵斥 [hēchì] [동사] 준엄하게[호되게] 꾸짖다. 꾸짖어 책망하다.

4과 呵护 [hēhù] [동사] 가호하다. 애지중지하다. 보우하다. 비호하다. 애호하다. 보호하다.

10과 合作 [hézuò] [동사] 합작하다. 협력하다.

7과 红灯 [hóngdēng] [명사] 붉은 등(롱).

6과 怀疑 [huáiyí] [동사] 의심하다. 의심을 품다. 회의하다.

9과 幻想 [huànxiǎng] [명사] 공상. 환상. 몽상.

7과 回报 [huíbào] [동사] (행동으로) 보답하다.

7과 回馈 [huíkuì] [동사] 보답하다.

10과 豁达 [huòdá] [형용사] 도량이 넓다. 속이 깊고 너그럽다. 생각이 확 트이다. 성격이 활달하다[명랑하다].

8과 或许 [huòxǔ] [부사] 아마. 어쩌면. 혹시(…인지 모른다). ≒ 也许(yěxǔ)

10과 获益 [huòyì] [동사] 이득[이익]을 얻다.

J

6과 记录簿 [jìlùbù] 기록부.

10과 挤 [jǐ] [동사] 시간을 내다.

4과 坚强 [jiānqiáng] [형용사] 굳세다. 굳고 강하다. 꿋꿋하다. 완강하다. 강경하다.

7과 减轻 [jiǎnqīng] [동사] (수량·중량이) 경감하다. 줄다. 감소하다. (정도가) 내려가다. 낮아지다. 하락하다. 저하하다.

8과 间隙 [jiànxì] [명사] 틈(새). 사이. 겨를. 짬. 여가. 빈 공간.

7과 兼职 [jiānzhí] [동사] 겸직하다.

1과 叫 [jiào] [동사] 부르다. 불러오다. 호출하다. 외치다. 고함치다. 소리지르다. 소리치다. 부르짖다.

4과 骄傲 [jiāo'ào] [형용사] 자랑스럽다. 스스로 자부심을 느끼다.

8과 交际 [jiāojì] [동사] 교제하다. 서로 사귀다.

3과 交流 [jiāoliú] [동사] 서로 소통하다. 교류하다.

1과 家乡 [jiāxiāng] [명사] 고향.

10과 佳音 [jiāyīn] [명사] [문어] 기쁜[좋은] 소식. 희소식.

7과 接触 [jiēchù] [동사] 닿다. 접촉하다.

8과 戒烟 [jièyān] 담배를 끊다.

6과 接着 [jiēzhe] [부사] 이어서. 연이어. 잇따라. 계속하여. 연속하여. 뒤따라. 뒤이어.

6과 及格 [jígé] [동사] 합격하다.

10과 积累 [jīlěi] [동사] (조금씩) 쌓이다. 누적되다. 축적되다.

7과 激烈 [jīliè] [형용사] (동작·말이) 격렬하다. 치열하다. 극렬하다. 맹렬하다.

6과 惊呆 [jīngdāi] [동사] 놀라 얼이 빠지다[어리둥절하다]. 경악하다.

7과 精力 [jīnglì] [명사] 정력. 정신과 체력.

6과 竟然 [jìngrán] [부사] 뜻밖에도. 의외로. 상상외로. 놀랍게도.

6과 精神 [jīngshén] [명사] 정신.

4과 斤斤计较 [jīnjīnjìjiào] [성어] 자질구레하거나 중요하지 않은 일을 시시콜콜 따지다.

3과 尽情 [jìnqíng] [부사] 하고 싶은 바를 다하여. 한껏[실컷·마음껏].

10과 进取 [jìnqǔ] [동사] 진취하다. 향상하려[이루려] 노력하다.

6과 进行 [jìnxíng] [동사] 앞으로 나아가다. 전진하다. 행진하다. 진행하다.

7과 计时工 [jìshígōng] 시간제 노동자.

10과 就业 [jiùyè] [동사] 취직하다. 취업하다.

8과 纠正 [jiūzhèng] [동사] (사상·잘못을) 교정하다. 고치다. 바로잡다.

3과 机械 [jīxiè] [형용사] 기계적이다. 융통성이 없다. 판에 박은 듯하다. 고지식하다.

1과 急躁 [jízào] 1. [형용사] 조바심을 내다. 초조해하다. 안달하다. 마음을 졸이다. 화를 잘 내다.

2. [형용사] 성급하다. 조급하다.

4과 举 [jǔ] [동사] 들다. 들어 올리다. 위로 받치다. 위로 펼치다.

9과 隽永 [juànyǒng] [형용사] [문어] (언어·시문 등의) 의미가 깊다[심오하다]. 의미심장하다.

5과 橘黄 [júhuáng] [형용사] 귤의 빛깔과 같이 등황색의.

10과 举止 [jǔzhǐ] [명사] 행동거지.

K

9과 开场白 [kāichǎngbái] [명사] (연극 등의) 개막사. 프롤로그.

2과 开发 [kāifā] [동사] (재능 등을) 개발하다.

9과 开阔 [kāikuò] [형용사] 넓다. 광활하다. (생각이나 마음이) 탁트이다. 유쾌하다. 명랑하다.

10과 开拓 [kāituò] [동사] 개척하다. 개간하다. 확장하다.

8과 考虑 [kǎolǜ] [동사] 고려하다. 생각하다.

4과 可见 [kějiàn] [동사] …을(를) 볼 수 있다.

8과 渴望 [kěwàng] [동사] 갈망하다. 간절히 바라다. ≒ [盼望(pànwàng)]

6과 科学 [kēxué] [명사, 형용사] 과학(적이다).

4과 宽阔 [kuānkuò] [형용사] 아량이 넓다.

ㄴ

7과   浪费   [làngfèi] [동사] 낭비하다. 허비하다. 헛되이 쓰다.

10과   乐观   [lèguān] [형용사] 낙관적이다. 희망차다.

7과   利   [lì] [명사] 이로움. 이익. 좋은 점.

9과   粮食   [liángshi] [명사] 양식. 식량.

4과   凌晨   [língchén] [명사] 새벽녘. 이른 아침. 동틀 무렵.

7과   零花钱   [línghuāqián] [명사] 용돈. 사소한 비용.

5과   乱   [luàn] [형용사] 어지럽다. 무질서하다. 혼란하다.

6과   轮流   [lúnliú] [동사] 차례로[교대로·돌아가면서·번갈아] …하다.

M

4과   麻烦   [máfan] [동사] 귀찮게[성가시게·번거롭게] 하다. 부담을 주다. 폐를 끼치다.

4과   迈   [mài] 큰걸음으로 걸을매

3과   忙碌   [mánglù] [형용사] (정신없이) 바쁘다. 눈코 뜰 새 없다.

9과   矛盾   [máodùn] [명사] 갈등. 대립. 배척. 배타. 불화. 반목.

2과   马走日   [mǎzǒurì] 말은 날일자로 움직인다.

2과   迷   [mí] [명사] 팬(fan). 애호가. 광(狂). 마니아(mania).

6과   描述   [miáoshù] [동사] (언어·문자로써) 묘사하다. 기술[서술]하다. 그리다. 그려내다.

5과   明亮   [míngliàng] [형용사] 환하다. 밝다. 양명하다. 눈부시다. 빛나다. 반짝거리다.

1과   名字   [míngzi] [명사] 성과 이름. 성명.

3과   默默   [mòmò] [부사] 묵묵히. 말없이. 소리없이.

N

4과   耐心   [nàixīn] [형용사] 참을성이 있다. 인내심이 강하다. 인내성이 있다.

9과   内心   [nèixīn] [명사] 마음. 마음속. 속. 속내.

9과   逆转   [nìzhuǎn] [동사] 역전하다. 뒤집다. 역으로 하다. (원상태로) 돌리다.

P

7과 赔了夫人又折兵 [péilefūrenyòuzhébīng] [성어] 부인을 잃고 병사마저 잃다.

9과 劈柴 [pīchái] [동사] 장작을 패다.

9과 平白 [píngbái] [형용사] (글이) 쉽고 통속적이다.

9과 平凡 [píngfán] [형용사] 평범하다. 보통이다. 일반적이다. 그저 그렇다.

1과 脾气 [píqi] [명사] 성격. 성질. 성미. 기질.

5과 铺 [pū] [동사] (물건을) 깔다. 펴다.

7과 普遍 [pǔbiàn] [형용사] 보편적인. 일반적인. 전면적인. 널리 퍼져있는.

6과 普通 [pǔtōng] [형용사] 보통이다. 평범하다. 일반적이다.

Q

1과 期待 [qīdài] [동사] 기대하다. 기다리다. 고대하다. 바라다.

10과 青春 [qīngchūn] [명사] 청춘.

9과 情感 [qínggǎn] [명사] 정. 정분감정. 느낌.

9과 清静 [qīngjìng] [형용사] (환경이) 조용하다. 고요하다.

9과 清新 [qīngxīn] [형용사] 신선하다. 청신하다. 맑고 산뜻하다. 깨끗하고[시원하고]새롭다.

2과 棋艺 [qíyì] [명사] 장기·바둑을 두는 솜씨[기술].

6과 起疑心 [qǐyíxīn] 의심이 생기다.

2과 棋子 [qízǐ] [명사] 바둑돌. 장기짝.

1과 缺点 [quēdiǎn] [명사] 결점. 단점. 부족한 점. ↔ [优点(yōudiǎn)]

1과 取名 [qǔmíng] [동사] 이름을 짓다.

R

4과 忍不住 [rěnbúzhù] [동사] 견딜 수 없다. 참을 수 없다.

8과 认定 [rèndìng] [동사] 인정하다. 확신하다. 굳게 믿다.

9과 仍旧 [réngjiù] [부사] 여전히. 변함없이.

3과 忍受 [rěnshòu] [동사] 이겨내다. 참다.

8과 忍住 [rěnzhù] 자제하다.

1과 热情 [rèqíng] [형용사] 열정적이다. 친절하다. 마음이 따뜻하다. 정이 두텁다.

5과 柔和 [róuhé] [형용사] (빛과 색이) 부드럽다. 강렬하지 않다. 눈을 자극하지 않다.

3과 入伍 [rùwǔ] [동사] 입대하다.

S

5과 散发 [sànfā] [동사] 발산하다. 퍼지다. 내뿜다.

8과 上瘾 [shàngyǐn] [동사] 중독되다. 인이 박이다.

10과 社会 [shèhuì] [명사] 사회.

8과 涉及 [shèjí] [동사] 관련되다. 연관되다. 연루되다.

10과 涉猎 [shèliè] [동사] 대강 읽다. 대충 훑어보다. 두루 섭렵하다.

10과 审定 [shěndìng] [동사] 심사하여 결정하다.

9과 生机 [shēngjī] [명사] 활력. 생명력. 생기. 활기.

1과 生日 [shēngrì] [명사] 생일. (사람의) 출생일.

8과 生涯 [shēngyá] [명사] 생애. 생활. 일생.

3과 社团 [shètuán] [명사] 각종 군중조직의 총칭. 결사단체. 집단모임. 서클. 동아리.

4과 湿 [shī] [동사] 적시다. 젖게 하다.

7과 实践 [shíjiàn] [명사] [철학] 실천. 실행. 이행.

2과 时间 [shíjiān] 시간.

9과 世界 [shìjie] [명사] [구어] 곳곳. 각처. 각지. 도처.

10과 实事求是 [shíshìqiúshì] [성어] 실사구시. 사실에 토대로 하여 진리를 탐구하다.

3과 室友 [shìyǒu] 룸메이트.

1과 狮子座 [shīzizuò] [명사] [천문] 사자자리.

9과 蔬菜 [shūcài] [명사] [식물] 채소. 야채. 푸성귀. 남새. 소채.

9과 抒发 [shūfā] [동사] 나타내다. 토로하다.

9과 束缚 [shùfù] [동사] 구속하다. 속박하다. 제한하다.

5과 书架 [shūjià] [명사] 서가. 책꽂이.

5과 舒适 [shūshì] [형용사] 편(안)하다. 쾌적하다. 유쾌하다.

9과 属于 [shǔyú] [동사] …에 속하다. …의 소유이다.

9과 思绪 [sīxù] [명사] 기분. 정서. 생각(의 갈피). 사고(의 실마리).

6과 算 [suàn] [동사] 따지다. 추측하다. …라고 생각하다.

T

9과 坦诚 [tǎnchéng] [형용사] 솔직하고 성실하다.

6과 探索 [tànsuǒ] [동사] 탐색[탐구]하다. 찾다.

10과 谈吐 [tántǔ] [명사] (말할 때의) 말투와 태도. 말하는 스타일.

8과 掏 [tāo] [동사] (손이나 도구로) 꺼내다. 끄집어내다. 끌어내다.

6과 特征 [tèzhēng] [명사] 특징. ≒ [特点(tèdiǎn)]

4과 提 [tí] [동사] (손잡이나 끈이 있는 물건을) 들다[쥐다].

5과 天地 [tiāndì] [명사] [비유] 세상. 세계. 경지.[사람의 활동범위]

10과 添砖加瓦 [tiānzhuānjiāwǎ] [성어, 비유] (위대한 사업에) 적은 힘이나마 이바지하다[보태다].

2과 提高 [tígāo] [동사] (위치·수준·질·수량 등을) 제고하다. 향상시키다. 높이다. 끌어올리다.

7과 体力 [tǐlì] [명사] 체력. 힘.

10과 体魄 [tǐpò] [명사] 신체와 정신. 체력과 기백.

7과 提前 [tíqián] [동사] (예정된 시간·위치를) 앞당기다.

9과 痛苦 [tòngkǔ] [명사] 고통. 아픔. 비통. 고초.

3과 痛苦 [tòngkǔ] [형용사] 고통스럽다. 괴롭다.

6과 头骨 [tóugǔ] [명사] [생물] 두골. 머리뼈. = [颅骨(lúgǔ)]

6과 推断 [tuīduàn] [동사] 추단하다. 미루어 판단하다. 추리하고 판단하다.

7과 推广 [tuīguǎng] [동사] 널리 보급[확대·확충]하다. 일반화하다.

7과 推销 [tuīxiāo] [동사] 판로를 확장하다[넓히다]. (어떠한 제품을) 마케팅하다. 널리 팔다.
내다팔다.

9과 图景 [tújǐng] [명사] [비유] 묘사된 경관. 상상 속의 모습[광경]. 미래도. 상상도.

8과 妥协 [tuǒxié] [동사] 타협하다. 타결되다.

3과 突然 [tūrán] [형용사] (상황이) 갑작스럽다. 난데없다. 느닷없다. 의외이다. 뜻밖이다

W

6과 外套 [wàitào] [명사] 외투. 오버코트(overcoat).

9과 晚会 [wǎnhuì] [명사] 야회(夜会). 이브닝파티(eveningparty).

4과 完美 [wánměi] [형용사] 완미하다. 매우 훌륭하다. 완전하여 흠잡을 데가 없다. 완전무결하다.

10과 完善 [wánshàn] [동사] 완벽하게[완전하게] 하다.

1과 为 [wèi] [전치사] …에게 (…을 해주다). …을 위하여 (…을 하다).

5과 微风 [wēifēng] [명사] 미풍.

8과 维护 [wéihù] [동사] 유지하고 보호하다. 지키다. 옹호[수호]하다.

2과 围棋 [wéiqí] [명사] 바둑.

5과 温暖 [wēnnuǎn] [형용사] 따뜻하다. 온난하다. 따스하다. 따사롭다.

8과 温情 [wēnqíng] [명사] 온정. 따뜻한 인정. 온화한[부드러운] 태도.

5과 温馨 [wēnxīn] [형용사] 온화하고 향기롭다. 따스하다. 아늑하다.

3과 无可奈何 [wúkěnàihé] [성어] 어찌해볼 도리가 없다. 대책을 강구해볼 도리가 없다. 방법이 없다.

8과 误判 [wùpàn] [동사] 오판하다.

X

2과 象棋 [xiàngqí] [명사] 중국 장기.

3과 享受 [xiǎngshòu] [동사] 누리다. 향유하다. 즐기다.

9과 向往 [xiàngwǎng] [동사] 열망하다. 갈망하다. 동경하다.

10과 衔接 [xiánjiē] [동사] (두 사물이나 사물의 두 부분이 서로) 맞물리다. 맞물다. 잇다. 이어지다.
　　　　　　연결하다. 연결되다.

9과 闲散 [xiánsǎn] [형용사] 한가하고 자유롭다.

9과 显示 [xiǎnshì] [동사] 현시하다. 뚜렷하게 나타내 보이다. 분명하게 표현하다. 내보이다.

7과 消耗 [xiāohào] [동사] (정신·힘·물자 등을) 소모하다.

1과 夏天 [xiàtiān] [명사] 여름.

8과 谢绝 [xièjué] [동사] 사절하다. 정중히 거절하다.

2과 喜欢 [xǐhuan] [동사] 좋아하다. 호감을 가지다. 흥미를 느끼다. 마음에 들다. 애호하다.

8과 细节 [xìjié] [명사] 자세한 사정. 세부(사항). 사소한 부분. 세목.

2과　兴趣　[xìngqù] [명사] 흥미. 흥취. 취미.

10과　形势　[xíngshì] [명사] 정세. 형편. 상황.

3과　新鲜　[xīnxiān] 신선하다. 싱싱하다.

9과　胸襟　[xiōngjīn] [명사] 마음. 가슴. 심정. 품은 생각. 감정. 느낌.

6과　胸有成竹　[xiōngyǒuchéngzhú] [성어, 비유] 일을 하기 전에 이미 모든 준비가 되어 있다.

3과　休学　[xiūxué] [동사] 휴학하다.

2과　选择　[xuǎnzé] [동사] 고르다. 선택하다.

9과　虚构　[xūgòu] [동사] 꾸며내다. 날조하다. 지어내다.

8과　虚荣　[xūróng] [명사] 허영.

5과　需要　[xūyào] [동사] 필요하다. 요구되다.

Y

9과　洋溢　[yángyì] [동사] (감정·기분 등이) 양일하다. 충만하다. 넘쳐흐르다.

10과　严峻　[yánjùn] [형용사] 중대하다. 심각하다. 모질다. 가혹하다.

7과　业务　[yèwù] [명사] 업무.

2과　业余　[yèyú] [명사] 업무 외. 여가.

3과　一定　[yídìng] [부사] 반드시. 필히. 꼭.

4과　一对　[yíduì] 한 쌍.

6과　一贯　[yíguàn] [형용사] (사상·태도·정책 등이) 한결같다. 일관되다. 변함없다.

3과　一见钟情　[yíjiànzhōngqíng] [성어] 첫눈에[한눈에] 반하다.

7과　一举两得　[yìjǔliǎngdé] [성어] 일거양득. 일석이조.

6과　遗留　[yíliú] [동사] 남겨 놓다. 남기다. 남아 있다.

4과　引导　[yǐndǎo] [동사] 인도하다. 인솔하다. 이끌다.

2과　赢　　[yíng] [동사] 이기다. 승리하다.

8과　应对　[yìngduì] [동사] 응답하다. 대답하다. 대응하다. 대처하다.

10과　应聘　[yìngpìn] [동사] 초빙에 응하다. 지원하다. ↔ [招聘(zhāopìn)]

9과　隐含　[yǐnhán] [동사] 은연 중 내포하다. 어떤 의미를 함축하다.

10과　殷切　[yīnqiè] [형용사] 마음에서 우러나오는. 간절하다. 진지하고 절실하다.

6과 意识 [yìshí] [동사] (객관물질세계에 대한 반영으로서) 의식하다.

8과 仪式 [yíshì] [명사] 의식.

8과 意味着 [yìwèizhe] [동사] 의미하다. 뜻하다. 나타내다.

7과 一问三不知 [yíwènsānbùzhī] [속담] 절대로 모른 체하다. 시치미를 뚝 떼다.

9과 一线 [yíxiàn] [명사] [군사] 일선. 최전선. 최전방.

8과 一厢情愿 [yìxiāngqíngyuàn] [성어] 일방적인 소망.

6과 疑心 [yíxīn] [명사] 의심. 의혹(疑惑). 의아(疑讶). 의구(疑惧).

8과 一直 [yìzhí] [부사] 계속. 줄곧.[동작 혹은 상태가 지속됨을 나타냄]

8과 勇敢 [yǒnggǎn] [형용사] 용감하다.

1과 有点 [yǒudiǎn] [부사] 조금. 약간. 주로 불만을 나타내는 데 쓰이다.

9과 游离 [yóulí] [동사] [비유] 유리되다. 동떨어지다.

1과 幽默 [yōumò] [형용사] 유머러스하다.

4과 有求必应 [yǒuqiúbìyìng] [성어] 요구만 하면 반드시 들어주다. 요구대로 다 들어주다.

9과 忧郁 [yōuyù] [명사] 우울함.

9과 愿 [yuàn] [동사] 바라다. 희망하다.

2과 运动 [yùndòng] [명사] 운동. 스포츠.

Z

8과 糟糕 [zāogāo] [형용사] 못쓰게 되다. 엉망이 되다. 망치다.

3과 遭遇 [zāoyù] [동사] 조우하다. (적 또는 불행·불리한 일을) 만나다. 부닥치다. 맞닥뜨리다. 당하다.

9과 赠品 [zèngpǐn] [명사] 선물. 증정품. 경품.

9과 乍看 [zhàkàn] 언뜻 보기에는.

5과 盏 [zhǎn] [양사] 개.[등을 세는 양사]

7과 掌握 [zhǎngwò] [동사] 숙달하다. 정통하다. 파악하다. 정복하다.

4과 遮挡 [zhēdǎng] [동사] 막다. 차단하다. 가리다.

5과 整理 [zhěnglǐ] [동사] 정리하다.

6과 珍贵 [zhēnguì] [형용사] 진귀하다. 귀중하다.

9과 真挚 [zhēnzhì] [형용사] 성실한. 참된. 진실의. 마음에서 우러나는.

7과   值得   [zhídé] [동사] 값에 상응하다. 값이 맞다. 값이 …할 만하다.…할 만한 가치가 있다.

10과   智慧   [zhìhuì] [명사] 지혜.

2과   智力   [zhìlì] [명사] 지력. 지능.

9과   周游   [zhōuyóu] [동사] 주유하다. 두루 돌아다니다.

7과   赚   [zhuàn] [동사] (돈을) 벌다.

1과   专业   [zhuānyè] [명사] [교육] 전공.

5과   转椅   [zhuànyǐ] [명사] 회전의자.

9과   逐渐   [zhújiàn] [부사] 점점. 점차.

10과   自动化   [zìdònghuà] [동사] 자동화하다.

9과   自相矛盾   [zìxiāngmáodùn] [성어] (언행이) 앞뒤가 서로 맞지 아니하고 모순되다. 자가당착이
다. 자체모순이다.

9과   自由   [zìyóu] [형용사] 자유롭다.

7과   资源   [zīyuán] [명사] 자원.

7과   综合性   [zōnghéxìng] 총괄적.

2과   卒不后退   [zúbúhòutuì] 졸은 후퇴하지 않는다.

5과   租   [zū] [동사] 세를 주다. 임대하다.

8과   尊严   [zūnyán] [형용사] 존귀하고 장엄하다. 존엄하다.

4과   组织   [zǔzhī] [동사] 조직하다. 구성하다. 결성하다.

모범답안

제1과

1. 본문에 근거하여 질문 대답하시오.

① 他(她)叫什么名字? 她叫李夏天。
② 他(她)的名字由来是? 她出生在夏天, 所以她的父母为她取了"夏天"这个名字。
③ 他(她)今年多大了? 她今年21岁了。
④ 他(她)的专业是什么? 她的专业是中文。
⑤ 李夏天是女的还是男的? 李夏天是女的。
⑥ 他(她)的优点是什么?缺点是什么? 她的优点是热情幽默有爱心, 缺点是急躁。
⑦ 他(她)的爱好是什么? 她的爱好是逛街。

2. 选择合适的词填空。

叫 ; 是 ; 是 ; 出生 ; 取名 ; 喜欢

3. 略

1-1.

名词谓语句	我今年21岁。
动词谓语句	我叫李夏天。
形容词谓语句	狮子座的我很热情。
主谓谓语句	我脾气有点急躁。

1-2. 翻译下面的句子

① 그들은 모두 독일인입니다.
② 나는 어제 왔습니다.
③ 내가 가장 좋아하는 전공은 중국어가 아닙니다.

1-3. 完成句子

① 他是我的朋友。
② 她丈夫是个慢性子。
③ 我女儿是学医的。
④ 你们是一起去的吗?

1-4. 选择填空

① 为
② 为了

1-5. 选择填空

① 有点/一点

1-6. 判断下列句子正确与否。

① ×
② ×
③ ○
④ ○
⑤ ○

제2과

1. 根据课文, 回答下列问题。

① 他最喜欢的是什么? 下象棋。
② 谁教他下象棋的? 他的爸爸教他下象棋的。
③ 他第一次认识的汉字有哪些? 除了他的汉字名字, 还有"车、马、象、炮"等。
④ 开始下象棋, 他赢了还是爸爸赢了? 开始下象棋的时候, 爸爸赢了。

⑤ 除了下象棋以外，他还喜欢什么？除了下象棋以外，他还喜欢下围棋。

⑥ 他不喜欢什么？他不太喜欢打篮球踢足球。

⑦ 他为什么选择中文系？因为他喜欢下象棋，既对汉字也产生了兴趣，也对中国文化充满好奇。

⑧ 他认为下象棋有什么好处？下象棋既可以开发智力，又能打发时间，还能交到不少朋友。

2. 根据课文选择填空。

① 下；棋迷；业余；还；围棋
② 智力；时间；朋友

3. 略

2-1.

我男朋友唱歌唱得很好。
我男朋友歌唱得很好。
他游泳游得很快。
他游泳游得不快。
他游泳游得快吗？
他游泳游得快不快？

2-2.

① A
② A
③ C
④ C
⑤ B

2-3. 选择填空。（对/跟）

① 对
② 跟

2-4. 把下面的句子翻译成汉语：

① 他除了足球以外，篮球、排球、乒乓球都会。

② 我们除了游泳以外，不太经常运动。

③ 他每天呆在家里。除了吃饭就是睡觉。

2-5.

① C－A－B
② B－A－C
③ A－B－C
④ C－A－B
⑤ A－C－B
⑥ A－C－B
⑦ C－A－B
⑧ A－C－B

2-6. 完成句子

我不喜欢运动。
他没做完作业。
孩子是跟老师一起来的。
明天会不会下雨？
爸爸教我认汉字。

제3과

1. 根据课文回答问题

① 他现在是几年级？他现在是三年级。
② 他是男生还是女生？他是男生。
③ 他的大学一年级怎么样？他开始尽情地

玩儿，参加各种社团活动，享受大学生
的自由。那一年，他还遇到了他的初恋

④ 二年级的时候，他做什么了？ 他休学入伍。

⑤ 他的二年级生活怎么样？ 初恋女友"兵
变"，最终分手了。因为那些痛苦的经
历，他一下子就比以前成熟多了。

⑥ 夏学后，他去了哪里？为什么？ 为了学习
汉语，他去中国留学了。

⑦ 他的留学生活怎么样？ 很新鲜很有意思，
是一辈子也不会忘记的回忆。

⑧ 他未来的目标是什么？ 他想当中文导游。

⑨ 为了实现他的目标，他做了什么？ 现在努
力学习每一门课程，认真对待每一件事情。

2. 选择填空。

突然；无可奈何；默默；痛苦；成熟

3. 略

4. 略

3-1. 找出括号中的词在句中合适的位置。

① B
② C
③ D
④ D
⑤ B

3-2.

一年级的女生像高中生一样； 二年级的女
生想要变美，比一年级的女生漂亮一点儿；三
年级；三年级的女生有更多的时间打扮自己，
比一年级的女生漂亮多了；四年级的女生快
要毕业了，她们开始化妆，也会买包和衣服，
看起来比一年级的女生成熟。

3-3. 连词成句

① 他会说汉语了。
② 我下了班去你家。
③ 他买了两本书
④ 他在上海住了一年。
⑤ 我打算放了假去中国。(放假了，我打算
去中国。)

3-4. 谈话- 老师说要跟你的父母谈话。

分手-我们已经分手很长时间了。
留学-他在中国留过学。

3-5. 选择(当 / 成为)

① 当
② 成为

3-6. 找出错的地方并改正 ：

① 我考上公务员了。
② 我通过了高考。

제4과

1. 根据课文回答问题：

① 图中的两个人是什么关系？ 父子关系
② 男人的衣服为什么湿透了？ 为了自己的

儿子不受风吹雨打，把伞打在儿子的头上，所以自己湿透了。

③ 作者的父亲也为他打过伞吗？ 没有为他打过伞。

④ 作者父亲小时候生活怎么样？ 在农村，生活很苦。

⑤ 作者父亲小时候学校生活怎么样？ 即使是很苦，可是他一直是班里的第一名

⑥ 作者父亲对作者有求必应吗？ 很少对他有求必应。

⑦ 作者父亲经常跟他说什么？ 作者父亲总是说男孩要坚强，心胸要宽阔，不要斤斤计较。

⑧ 作者心目中最好的榜样是谁？ 在他心目中，他爸爸是他人生最好的榜样。

⑨ 父爱如山是什么意思？ 父亲对孩子的爱像山一样高大。

⑩ 你心目中最好的父亲应该是怎么样的？ 略

2. 选择填空。적당한 단어를 선택해서 빈 칸을 채우시오.

讲；鼓励；只要；就；教育

3. 用下列词完成一段话：略

4. 略

4-1.

1) 那里有两个人在下棋。
2) 书的旁边有一个苹果。
3) 公园里有一个很大的湖。

4-2.

① 心脏有问题。
② 她很有魅力。
③ 图书馆里有一个小咖啡厅。
④ 他的汉语水平有了很大的进步。
⑤ 周末他没有时间学习。／
   他周末没有时间学习。

4-3.

1) 桌子上放着一本书。
2) 他们正着着足球比赛。
3) 她坐着看书呢。
4) 外面下着大雨。

4-4.

① 她喜欢趴着看书。그녀는 엎드려서 책을 보기를 좋아합니다.
② 院子里种着五颜六色的花。뜰에는 각종 색깔의 꽃에 심어져 있습니다.
③ 墙上挂着两幅画。벽에는 두 폭의 그림이 걸려 있습니다.
④ 他骑着自行车乱跑。그는 자전거를 타고 제 멋대로 돌아다닙니다.
⑤ 我们一直保持着距离。우리는 줄곧 거리를 유지하고 있습니다.
⑥ 韩国现在正面临着严重的就业问题。한국은 지금 엄중한 취업문제에 직면하고 있습니다.

4-5.

① 我没做过这种梦 / 这种梦我没做过。
② 大学读书时，我见过他。
③ 我听说他来过一两次。

4-6. 练习

① 谈话
② 讲
③ 说
④ 告诉

4-7. "给 / 对 / 跟"选择填空：

① 对
② 给
③ 跟

제5과

1. 根据课文回答问题：

① 她的房间离学校远吗？她的房间离学校远。
② 她的房间有床吗？她的房间有床。
③ 床在什么地方？床在桌子右边。
④ 桌子上有什么？桌子上有电脑和一台打印机。
⑤ 桌前的小书柜上有什么？小书柜上有一些照片。
⑥ 作者为什么喜欢黄色？因为她时一个感情丰富的女性，喜欢在明亮和舒适的地方听音乐或者看书。
⑦ 她的房间大吗？她的房间不太大
⑧ 她的房间常有别人来吗？她的房间常有别人来。
⑨ 她为什么喜欢她的房间？虽然小但确很温馨。
⑩ 这个房间你会喜欢吗？为什么？略

2. 填空。

台；台；盏；把

3. 用下列词完成一段话。

教室里有很多学生在上课，老师在黑板上写着什么，学生们也在认真地记笔记呢。

5-1. 选择合适的量词填空。

所；家；张
本；台；辆
条；支；套

5-2. 用"在"字句描述三幅图。

1) 他们在下棋。
2) 咖啡在桌子上。
3) 手机在电脑旁边。

5-3. 根据所给的词语，用"在"字组句，并判断句中"在"的词类。

① 韩老师在家。동사 / 한 선생님은 집에 계십니다.
② 老师在接电话。부사 / 선생님은 전화를 받고 계십니다.
③ 你把钱放在信封里。전치사 / 당신은 돈을 편지봉투에 넣으세요.
④ 我坐在爸爸和妈妈的中间。전치사 / 나는 아빠와 엄마의 중간에 앉아 있습니다.
⑤ 你在干什么？부사 / 너는 무엇을 하고 있니?
⑥ 我妈妈在准备晚饭。부사 / 엄마는 저녁을 준비 하고 계십니다.

5-4. 完成句子

① 公司派我去中国留学。
② 读书让人明智。
③ 这让我更高兴了。
④ 老师让我交作业。

⑤ 妈妈让我快点儿睡。

⑥ 我爸爸劝我不要去国外留学。

5-5. 试着用"有、是、在"来说明下图。

　　图里有四个人，最左边的是妈妈，最右边的是爸爸，中间还有两个孩子。儿子在妈妈的右边，女儿在爸爸的左边。看起来他们都很开心。

제6과

1. 根据课文回答问题

① 作者当时几年级？ 六年级。

② 怀特森先生教什么科目？ 他教六年级的科学课。

③ 第一堂课，怀特森先生教他们什么动物？ 叫做凯蒂旺普斯的动物。

④ 学生们都听说过这种动物吗？ 他们没听说过。

⑤ 第一堂课，怀特森先生给作者留下了什么印象？ 他觉得怀特森先生是一位博学的老师。

⑥ 第二天测验时，作者有信心吗？ 他很有信心。

⑦ 作者测验的成绩怎么样？ 他的成绩竟然是零分。

⑧ 为什么班上的同学都不及格？ 凯蒂旺普斯这个动物是怀特森先生编造出来的，是从来没有存在过。

⑨ 怀特森先生想告诉学生们什么？ 怀疑的精神。

⑩ 你对怀特森先生的做法怎么看？ 略

2. 选择填空

出；起；来；晚；给；到

3. 用不超过100字的一段话概括本文的大意。

　　怀特森先生教我们科学，我第一次看到他的时候，他教我们一个从来没见过的动物，我们对此都没有怀疑。第二天考试的时候，我们按照第一天的笔记回答了，但是他给了我们零分。怀特森先生告诉我们他教的都是编造出来的，所以我们都不及格。我从怀特森先生这里学到了怀疑和独立思考的精神。

4. 和周围的人谈谈你印象深的一位老师或一件事情。 略

6-1. 结果补语填空：

① 好

② 见 / 到

③ 错

④ 好

⑤ 完

⑥ 光 / 完

⑦ 到

⑧ 开

6-2. 趋向补语练习

① 去 그는 올라갔다.

② 过去 그들은 걸어갔다.

③ 来 친구는 건물을 뛰어 내려왔다.

④ 过来 나는 이 장난감을 너에게 가져왔다.

⑤ 去 그는 학교로 돌아갔다.

⑥ 下去 그는 마지막 한 잔의 술을 마셨다.

⑦ 起来 지금 사진을 빨리 정리해라.

⑧ 进来 방금 한 사람이 걸어 들어왔다.

⑨上　나는 그녀를 사랑하게 되었다.
⑩起来　모두가 바빠지기 시작했다.

6-3. 选择填空。

①　次
②　遍
③　场
④　趟

6-4. f-a-e-d-c-b

제7과

1. 根据课文回答问题：

① 兼职是什么意思？ 业余时间从事的工作。
② 现在大学生兼职的多吗？ 很多。
③ 为什么有人觉得大学生兼职是一件值得推
　 广的事情？
　 因为既能赚到零花钱，又能提前接触社
　 会，还可以锻炼自己的能力。
④ 作者同意这种看法吗？ 不同意。
⑤ 作者认为，作为大学生，首要任务是什
　 么？ 学习。
⑥ 作者认为大学生兼职一般都是哪些工
　 作？ 干计时工、做家庭教师、跑推销业
　 务、当导游小姐等。
⑦ 作者认为这些兼职对毕业后找工作有帮助
　 吗？ 没有什么帮助。
⑧ 作者认为大学生兼职能赚得到很多钱吗？
　 不是
⑨ 作者认为怎么样才是一举两得的做法呢？

努力认真学习，拿到奖学金。
⑩ 作者为什么不赞同大学生打工？
　 有三个理由：学生的首要任务是学习，
　 不应该为了打工耽误学习； 二是打工一
　 般都是体力劳动，对锻炼自己的能力没
　 有多大帮助。 三是学生打工一般收入都
　 很少，不能真正减轻父母的负担。

2. 选择填空

① 赚到 ； 接触 ； 锻炼 ； 推广
② 打工 ； 睡觉 ； 上来 ； 不好 ； 得不偿失

3. 用不超过30字的一段话概括每一段的大意。

第一段：我认为大学生兼职弊大于利
第二段：作为学生首要任务是学习，因为兼职
　　　　影响学习得不偿失。
第三段：大学生兼职所从事的工作对自己未来
　　　　的职业没有什么帮助。
第四段：打工得到的钱也不多，并不能真正减
　　　　轻父母的负担，
第五段：总结大学生兼职弊大于利，最好的办
　　　　法是专心努力学习。

4. 略

7-1. 完成句子。

① 她弹钢琴弹得非常好。
② 我买不了那么多东西。
③ 我们没有买到中文书。
④ 他回办公室去了。
⑤ 我吃不惯中国菜。
⑥ 后面的同学看不清楚黑板上的字。

7-2. 중국어로 작문하세요.

① 我听得懂汉语。

② 我见过几次那个朋友.

③ 吃饱了吗？

④ 他还没做完作业。

⑤ 弟弟[妹妹]唱歌唱得好。

⑥ 今天晚上你可以回来吗？

7-3. 略

제8과

1. 根据课文回答问题：

① 这是一封谁写给谁的信？ 自己的儿子

② "打一圈"是什么意思？ 抽烟的时候先发给周围的人。

③ 许多糟糕的开始都是由什么而起的？ 都由不敢做自己开始的。

④ 作者为什么开始抽烟？ 因为虚荣心。

⑤ 犯错是不是很严重的事情？ 不是很严重的事情。

⑥ 作者的父亲是怎么发现他抽烟的？ 爸爸去儿子宿舍的时候偶然发现的。

⑦ 他的父亲发现儿子抽烟后做什么了？ 他什么都没说, 但拿出了一根烟放在桌子上了。

⑧ 作者当时认为父亲的举动意味着什么？ 作者认为这是父亲对自己已经成人的认可。

⑨ 作者现在是怎么解释父亲的举动的？ 作者现在认为父亲当时只是为了维护儿子的尊严。

⑩ 如果你是文中作者的父亲, 发现孩子抽烟时, 你会怎么做？ 略

2. 填空。

出 ； 在 ； 并 ； 到 ； 起来 ； 上
再不 ； 到 ； 总是 ； 一定

3. 用下列词完成一段话, 写作者是如何开始抽烟的。

作者开始抽烟只是因为虚荣心, 别人都抽, 自己也得抽。后来发现爸爸对自己抽烟没有说什么的, 作者把这种举动看作是一种对自己抽烟的认可, 事实上, 那是一个误会, 爸爸只是想在别人面前维护自己儿子的尊严。

4. 略

8-1. "把"字句练习：

① 我把孩子送回家了。

② 他们把我当作亲人

③ 学生们把书搬到教室外边了

④ 他没把茶喝完

⑤ 你把教室门关好

8-2.

他把礼物送给她了。
我们把那里打扫干净了。
他把座位让给一个老爷爷了。
它把帽子摘下来了。

8-3. 빈칸에 알맞은 부사를 쓰세요

① 其实

② 尤其

③ 差点儿

④ 并
⑤ 往往
⑥ 一直
⑦ 总是

제9과

1. 根据课文回答问题：

① 这篇文章是读了什么作品之后写的读后感？ 海子的诗《面朝大海，春暖花开》

② 作者开始读这首诗的时候有什么感觉？后来呢？开始的时候觉得很欢快，后来觉得悲伤。

③ 作者认为这首诗的第一节主要写了什么？第一节主要写了作者自己对未来的期盼。

④ 作者认为第二节和第三节写了什么？第二节和第三节写了对周围人和陌生人的祝福。

⑤ 作者读了这首诗以后被什么打动了？ 被清新隽永的语言所打动。

⑥ 作者为什么会认为原诗作者很善良？他愿意祝福每一个人。

⑦ 作者通过哪一句感受到了忧伤？我只愿面朝大海春暖花开。

⑧ 作者引用川端康成的那句话是想说明什么？他想说明正是因为即将告别世界，才能发觉世界之美。

⑨ 作者读了这首诗以后也觉得痛苦吗？作者并不觉得痛苦，因为他明白梦想与现实不统一是必然的。

⑩ 你读了这首诗以后有什么感受？略

3. 用下列词完成一段话。

欢快；然而；被；感动；表现
初读此诗，感觉这是一首很欢快的诗歌，然后再读之后，感觉到了作者的悲伤和忧郁。他愿意对亲人对朋友对陌生人送上祝福，我被作者表现出的这种善良深深地打动了。

4. 略

9-1. 翻译下面的"被"字句

① 벽의 그림은 바람이 불어서 떨어졌다.
② 그녀는 남자친구에게 사기를 당했다.
③ 나는 그들에 의해서 도둑으로 간주당했다.
④ 엄마는 남동생 때문에 무척 화가 났다.
⑤ 나는 그의 음악에 감동되었다.
⑥ 물을 보내왔다.
⑦ 영화표는 다 팔았습니다.
⑧ 밥이 다 되었다.

9-2.

1) 手机被摔坏了。
2) 东西被小偷偷走了。
3) 他被老板批评了。
4) 车被撞坏了。

9-3. 빈칸에 알맞은 조동사를 쓰세요

想
可以
愿意
可能
愿

제10과

重视—意识 能力 知识 精神

1. 根据课文回答问题

① 这是一份投给谁的自我介绍？ 这时投给招聘单位的自我介绍。

② 本文一共分几段？ 一共分为五段

③ 第一段的主要内容是？ 第一段表示感谢和写自我介绍的目的。

④ 第二段的主要内容是？ 第二段叙述了自己在学校的成绩和经历。

⑤ 第三段的主要内容是？ 第三段的主要内容是简要介绍自己的业余爱好和技能。

⑥ 第四段的主要内容是？ 第四段说明其他方面，特别是本人性格的优点长处等。

⑦ 第五段的主要内容是？ 再次表示感谢，希望用人单位提供机会。

⑧ 作者的性格怎么样？ 勤奋、尽责、善良和正直

⑨ 你认为全文最重要的段落是？ 第二段和第三段。

⑩ 如果你要写自我介绍，会重点介绍什么内容？ 略

2. 选择

培养—能力 精神

积累—知识 能力 经验

利用—时间 活动

丰富—知识 经验

提升—意识 能力 水平

增强—体魄

参加—活动

具备—能力 经验

抽出—时间

使动句练习

10-1. 한국어로 번역하세요

① 엄준한 취업상황은 나로 하여금 지식에 대해 더할 나위 없이 존중하게 만들었다.

② 여행하는 것과 친구를 사귀는 것은 우리로 하여금 세상에 대해 안목이 트이게 합니다.

③ 우수학생과 같이 일을 하는 것은 나로 하여금 경쟁 속에서 혜택을 받도록 합니다.

④ 실제의 어려움을 향한 도전은, 나로 하여금 좌절 중에 성장하도록 합니다.

⑤ 독서는 나의 아마추어 기능지식을 풍부하게 할 수 있다.

10-2. 중국어로 번역하세요

① 他的话让我很感动。

② 他不让我替代你。

③ 公司派我们去菲律宾工作。

④ 他叫人去打听消息。

⑤ 不良学生让学校的气氛很差。

10-3. a；d；c；b；d；c

10-4. c；a；b；b

10-5. (1) 刚/刚才；(2) 相信／信任；(3) 只要/只有

본문 한국어 해석

제1과

열정적이고 유머러스한 나

저는 이여름이라고 하고, 올해 21살입니다. 제 생일은 7월 29일입니다. 제가 여름에 태어났기 때문에, 부모님은 저에게 "여름"이라는 이름을 지어 주셨습니다. 저는 이 이름을 매우 좋아합니다. 저의 고향은 한국 부산입니다. 지금 한국대학 중문과 3학년 학생이고, 중국어 공부하는 것을 좋아합니다.

사자자리인 저는 매우 열정적이고, 유머러스하며, 사랑이 충만하기도 합니다. 당연히, 단점도 있는데 성격이 약간 급하다는 것 입니다. 여자로서, 제가 가장 좋아하는 것은 거리를 구경하며 돌아다니는 것입니다. 저는 이번 학기에 여러분과 함께 공부하기를 매우 기대하고 있습니다.

제2과

나의 취미

제가 가장 좋아하는 것은 바로 장기두기입니다.

초등학교 1학년 때부터 아빠는 저에게 한국 장기를 가르쳐주셨습니다. 우선 아빠는 장기 알 위에 있는 한자를 익히는 것부터 가르쳐주셨는데, 한자라곤 제 이름만 알고 있던 저에게 '차, 마, 상, 포' 등이 바로 그 외에 처음 배우게 된 새로운 한자들 이었습니다. 그 다음에 아빠는 각각의 장기알 움직이는 방법을 설명해주셨습니다. '말은 일자로 가고, 졸은 후퇴할 수 없고, ……' 등등. 저는 장기를 배운 처음 일 년 동안은 아빠와 장기를 둘 때 한 번도 이겨본 적이 없었습니다. 하지만 시간이 흐르니, 저의 장기 두는 실력은 매우 큰 향상이 되었고 마침내, 아빠를 이긴 그 날 이후로 저는 장기 두는 것을 더욱 더 좋아하게 되었습니다. 지금 저는 장기를 잘 둘 뿐만 아니라 '장기애호가'가 되었습니다. 그래서 쉬는 시간에는 인터넷으로 다른 네티즌과 자주 장기를 두곤 합니다.

제가 중국에서 유학을 할 때 역시 중국 장기를 배웠지만, 중국 장기는 잘 두지 못합니다.

왜냐하면 중국 장기는 한국 장기와 비교했을 때 '차와 말'의 움직이는 방법만 같고, 다른 장기 알의 움직이는 방법이 모두 조금씩 다르기 때문입니다. 장기를 두는 것 외에, 저는 바둑을 두는 것도 좋아합니다. 그러나 저는 농구나, 축구를 하는 등 비교적 활동적인 것들은 그다지 좋아하지 않습니다.

바둑을 두는 것은 지적 능력을 개발할 수 있을 뿐만 아니라, 심심할 때 시간을 잘 보낼 수 있고, 또 많은 친구를 사귈 수도 있습니다. 바둑 덕분에, 저는 한자에도 흥미가 생겼고, 중국문화에 대해서도 호기심을 많이 갖게 되었습니다. 그래서 대학에 입학할 때, 저는 중문과를 선택하였고, 졸업 후에도, 중국어와 관련 있는 직업을 찾을 계획입니다.

제3과

나의 대학생활

세월이 쏜살같이 지나가, 어느덧, 저는 벌써 대학교 3학년의 학생이 되었습니다. 얼마 뒤에는, 충실하고 바빴던 대학생활이 곧 끝나게 될 것입니다.

몇 년 전에 저는 한국대학에 붙었고, 집을 떠나 서울로 왔습니다. 대학에 막 들어갔을 때, 처음으로 독립생활을 시작해서 고등학교 때의 기계적인 학습생활에서 벗어날 수 있었는데 이때부터 저는 마음껏 놀기 시작했고, 각종 동아리에 참가했으며 대학생의 자유를 즐겼습니다. 그 해, 저는 제 첫사랑을 만나기도 했습니다. 그녀는 저보다 한 살이 적었고, 똑똑하고 귀여웠습니다. 저는 그녀를 보고 첫눈에 반했습니다. 비록 1학년 때에는 제가 고등학교 때 만큼 노력을 하지 않아서 성적은 그다지 좋지 않았지만, 그때는 제게 가장 행복하고 즐거웠던 시간이었습니다.

2학년 때에, 저는 휴학하고, 입대를 했습니다. 군대에서는 이전과 또 다른 스트레스를 견뎌야 했지만 더욱 두려웠던 것은, 입대와 동시에 첫사랑 여자친구에게 '이별통보'를 당한 것이었고, 결국, 헤어졌습니다. 이런 충격은 너무 갑작스럽게 와서, 저는 제대로 준비를 하지 못한 것 같습니다. 그러나 방법이 없었고, 묵묵히 견딜 수밖에 없었습니다. 그러한 고통의 경험 때문에, 저는 단번에, 전보다 훨씬 성숙해졌습니다.

복학을 한 후, 중국어를 공부하기 위해서, 중국에 가서 1년간 유학을 했습니다. 첫 번째 유학이기 때문에, 출국 전에 저는 몹시 긴장 했습니다. 중국어를 잘 배울 수 있을까 걱정도 되었고 중국에서의 생활에 잘 적응할 수 있을지 걱정이 되었습니다. 그러나 제가 만난 룸메이트와 학우는 모두 좋은 사람이었습니다. 그들 덕분에, 저는 되도록 빨리 유학생활에 익숙해졌습니다. 저는 자주 중국친구와 교류를 했기 때문에 중국어가 예전보다 훨씬 나아졌습니다. 게다가 중국의 음식, 풍속, 생활, 문화, 사회, 사상 등 각 부분도 이해하게 되었습니다. 저에게 있어서 그것들은 모두 매우 신선하고, 재미있는 것들이었습니다. 중국의 유학생활은 제 일생에서 정말 아름답고도 잊을 수 없는 추억이었습니다.

제 인생의 목표는 지금 2개가 있습니다. 하나는 사회에 공헌을 하는 사람이 되는 것입니다.

졸업 후에, 저는 중국어 가이드를 해서, 중국 여행객을 위해 한국의 인문 경관과 자연 풍경을 설명하고 싶습니다. 또 다른 하나의 목표는 2명의 귀여운 아이가 있는 행복한 가정을 갖는 것입니다. 아마도 이러한 목표의 실현은 결코 상상처럼 간단하지 않을 것입니다. 그러나 노력을 한다면, 꿈은 분명히 실현될 것입니다. 그래서 3학년인 저는,

매 수업을 열심히 공부하고, 모든 일을 열심히 하고 있습니다. 미래는 지금부터 시작입니다.

제4과

사진 한 장

길 위에 아버지와 아들이 있습니다. 사진 속에는, 당시에 마침 비가 오고 있고, 아빠는 셔츠를 입고 있고, 손에는 서류가방을 들고 있습니다. 온몸이 완전히 젖었지만, 오른손의 우산은 여전히 아들의 머리 위에 꽉 쥐어져 있어서, 아들이 비바람을 맞지 않도록 보호하고 있었습니다. 어린 남자아이는 책가방을 메고, 가벼운 걸음을 내딛으며, 마치 아빠의 옷이 이미 젖었다는 것을 발견하지 못한 것 같습니다.

이 사진을 보고, 저의 아버지를 생각해내지 않을 수 없었습니다. 아빠는 비록 저를 위해서 우산을 펴지 않았지만, 저를 위해서 인생의 비바람을 막아주셨습니다.

아빠는 어렸을 때 시골에 살고 있었고, 매우 가난했으며 매일매일 먼 길을 걸어 학교에 갔습니다. 아빠는 매일 새벽 4시 반 정도에 일어나서, 동생들을 데리고 같이 학교로 갔습니다. 겨울은 날씨가 매우 춥고, 학교에 도착하면, 손이 얼어서 뻣뻣하게 굳을 정도였습니다. 그러나 이렇게 힘들다고 하더라도, 아빠는 포기한 적이 없습니다. 줄곧 반에서 일등이었습니다. 게다가 그는 반장이었고, 각종 학교활동을 마련하고 참여했습니다. 제가 처음으로 이것을 들었을 때에, 매우 불가사의하다고 느꼈습니다. 사람이 어떻게 이렇게 완벽할 수 있을까? 아빠는 제게 알려주었습니다. "만약 네가 자신의 목표가 있다면, 그것이 반드시 해야 할 일이라고 생각하면, 아무리 힘들어도 할 것이야."

아빠는 저에게 자주 과거 이야기를 해주시며 어려움을 두려워하지 말고, 견디어 나가면 성공할 것이라고 격려해 주었습니다. 아빠는 우리에게, 자신이 할 수 있는 일을 다른 사람에게 미뤄서 신세를 지어서는 안 된다고 가르치셨습니다. 또한 아빠는 남자는 강인해야 하고, 포부가 커야 하며, 자질구레한 것들을 너무 따져서는 안 된다고 항상 말씀하셨기 때문에 우리들이 요구하는 대로 다 들어주지는 않으셨습니다. 그러나 제가 고민 있을 때에, 아빠는 항상 인내심을 가지고 저와 대화를 했고, 어떻게 문제를 처리해야 하는지 인도해 주셨습니다. '부모는 아이의 최고의 선생님입니다.'라는 말이 있습니다. 저와 같은 경우는, 부모님이 제게 특별히 커다란 영향을 끼쳤는데, 특히 저의 아빠가 그렇습니다. 저의 마음속에는, 아빠는 가장 좋은 아빠였고, 제 인생에 롤모델이었으며, 저는 이러한 아빠를 자랑스럽게 생각하고 있습니다.

제5과

나의 방

대학을 입학 후에, 학교는 집에서 너무 멀었기 때문에, 엄마는, 저를 위해서 학교 부근에 집을 구해주셨습니다. 거기에서 학교까지는 10분밖에 걸리지 않았습니다.

제 방은 그다지 크지 않습니다. 문을 열면, 바로 방 전체를 볼 수 있습니다. 문 맞은 편은 저의 책상이고, 침대는 책상 오른편에 있습니다. 탁자에는 컴퓨터 한 대, 프린터한 대, 그리고 전기스탠드 한 대가 있습니다. 저녁에는 부드러운 빛을 내어 따뜻한 느낌을 줍니다.

앞에는 흰 색의 회전의자도 있습니다. 그것은 제가 대학에 입학한 후, 이모가 제게 사준 것입니다. 저는 자주 거기에 앉아서 책을 보고 숙제를 했습니다. 탁자 앞의 벽에는 또 작은 책꽂이가 있고, 위에는 몇 장의 사진이 놓여 있습니다. 제 침대는 일인용 침대로, 그다지 넓지 않고, 침대 위에는 주황색과 핑크색의 시트가 있습니다. 저는 감정이 풍부한 여성으로 밝고 편안한 곳에서 음악을 듣거나 책을 보기를 좋아하기 때문에 저는 노란색의 침대용품을 선택했고, 그것들이 저의 마음을 유쾌하게 해줍니다. 침대 앞의 바닥에는 회색의 카펫이 깔려 있고, 때로 저는 거기에서 책을 봅니다. 침대 맞은편은 창문인데, 평소에 저는 창문을 열기를 좋아하고, 그 다음에 침대에 누워서 밖에서 불어오는 미풍을 즐기기를 좋아합니다. 침대 옆의 벽에는 수납장도 있는데, 제가 자주 보는 책과 일상용품들이 놓여 있습니다. 침대 끝에는 작은 옷장이 있고, 그 안에는 저의 옷을 가득 걸어 놓았습니다. 여자의 옷은 항상 많아서, 옷장 안은 좀 어지럽습니다. 그래서 주기적으로 저는 한 번씩 정리를 해야 합니다.

제 방은 비록 작지만, 자주 친구들을 초대해서 이런 저런 얘기를 합니다. 이곳은 제게 자유를 주고, 저로 하여금 즐겁게 합니다. 여기는 제 작은 세계이고, 저는 제 방을 좋아합니다.

제6과

화이트선 선생님

화이트선 선생님은 저에게 6학년 과학을 가르치셨고, 그는 보기에는 평범하고, 늘 긴 외투를 입고 있었습니다. 첫 번째 수업에서 그는 우리에게 '캐티왐푸스'라고 불리는 동물을 가르치셨는데, 이러한 동물을 저희는 모두 처음 들어보았습니다. 그는 탁자 밑에서 동물 머리뼈를 꺼냈고, 우리에게 이 동물의 특징을 묘사하였습니다. 말이 끝난 후에, 그는 머리뼈를 앞줄의 학우에게 주고, 모두에게 돌아가면서 관찰해 보도록 하였습니다. 우리는 흥미진진하게 돌아가며 보고 있는데, 어떤 학우는 필기를 하고 어떤 학우는 그림을 그리기도 하였습니다. 저는 마음속으로 남몰래 생각했습니다. "이번에 박학하신 선생님 한 분을 만났구나."

둘째 날, 화이트선 선생님은 지난번에 강의한 내용에 대해서 테스트를 진행했고, 준비한 대로 답안을 작성하여 선생님께 드렸습니다. 다음날, 선생님께서 제게 문제지를 돌려주었을 때에, 저는 깜짝 놀라 멍하게 되었습니다. 저의 성적은 놀랍게도 0점이었습니다.

분명히 뭔가 잘못된 게 있어! 나는 완전히 화이트선 선생님이 말씀하신 대로 썼는데. 그 다음에, 모든 학생이 낙제라는 것을 알았습니다. 도대체 어떻게 된 것일까?

"매우 간단합니다." 화이트선 선생은 설명하셨습니다. "캐티왐푸스에 관련된 모든 것은 제가 날조해낸 것입니다. 이러한 동물은 여태껏 존재한 적이 없습니다. 그래서 여러분들이 기록한 것들은 모두 틀린 것입니다. 설마 틀린 답안도 점수를 받을 수 있을까요?" 더 말할 나위 없이, 우리는 모두 화가 났습니다. 이런 테스트가 무슨 테스트입니까? 이런 선생님이 무슨 선생님입니까?

우리는 원래 추론할 수 있어야 했습니다. 어쩐지 우리가 '캐티왐푸스'의 머리뼈(사실 그것은 고양이의 머리뼈였다.)를 돌려볼 때에, 그는 우리에게 이 동물의 모든 것이 남아있지 않다고 알려주었었고 화이트선 선생은 '캐티왐푸스'의 놀라운 야간시력과 '캐티왐푸스' 털가죽의 색깔, 또 많은 근본적으로 알 수 없는 사실까지도 묘사했고, 그는 이러한 동물에게 우스꽝스러운 이름까지도 지어주었지만 우리는 조금도 의심을 하지 않았습니다.

그는 우리들의 답안지 0점을 그의 성적기록부에 기록하려고 한다고 말했습니다. 그는 역시 정말 그렇게 했습니다. 화이트선 선생님은 우리가 이러한 일을 통해서 무엇인가를 배우기를 바란다고 말했습니다. 화이트선 선생님이 말하길 교과서와 선생님은 항상 올바른 것은 아니며, 사실상 항상 올바른 사람은 아무도 없고 의심 할 줄도 알고, 스스로 생각하고 스스로 판단하는 것을 배워야 한다고 하였습니다.

지금까지 저는 중대한 과학 발견을 한 적이 없지만, 저와 저의 학우들은 화이트선 선생으로부터 중요한 것을 얻었습니다. 바로 어떤 사람을 똑바로 바라보며 그에게 틀렸다라고 알려주는 용기입니다. 화이트선 선생님은 우리에게, 의심하는 정신과 독립적 사고와 진리를 탐색하는 용기가 얼마나 귀중한지를 알게 해주었습니다.

-----원작자 데이비드 오언. 인민교육출판사 6학년 하권 어문교과서 개정판

제7과

대학생 아르바이트는 단점이 장점보다 많다.

대학생이 공부 이외에, 아르바이트를 하는 것은 이미 보편적입니다. 많은 학생이 공부 외에, 학교 밖에서 여러 가지 아르바이트에 종사합니다. 예를 들면, 시급제 아르바이트를 하고, 과외지도를 하고, 세일즈를 다니고, 여행가이드 등을 합니다. 많은 사람이, 대학생이 아르바이트를 하는 것은 용돈도 벌고, 미리 사회와 접촉할 수 있으며, 또 자신의 능력을 연마할 수 있어서, 보급할 만한 일이라고 생각합니다. 그러나 제가 보기에는, 대학생이 아르바이트를 하는 것은 단점이 장점보다 많습니다. 이유는 아래와 같습니다.

우선 학생으로서, 공부는 영원히 첫 번째의 것입니다. 다른 것은 모두 부차적인 것이고, 공부는 항상 가장 중요한 일입니다. 겸직은 필연적으로 학생들의 많은 시간을 가져가 버립니다. 그밖에도 많은 정력과 체력을 소모시킵니다. 어떤 학생은 밤에 일을 하고, 낮에 수업을 들을 때에 잠을 자서 시험을 볼 때에 한 문제도 풀 수 없어서, 4년간 대학을 다녔지만 자신의 전공지식도 잘 마스터 하지 못했습니다. 이런데도 대학생이라고 말할 수 있을까요? 이렇게 하는 것은 얻는 것보다 잃는 것이 많습니다. 인생은 각 시기마다 중요시해야 하는 부분이 있고, 대학생의 본분은 마땅히 전공을 열심히 공부하는 것입니다.

그 다음으로 대학생의 아르바이트는 단순한 육체노동이고, 자신의 전공 혹은 미래의 직업과 보통 별 연관성을 갖지 않습니다. 이것은 일종의 인재 낭비이고, 능력을 향상시켰다고 말할 수 없습니다. 현대사회는 경쟁이 치열하고, 종합형의 인재를 필요로 합니다. 다시 말하면, 매우 훌륭한 전공지식도 갖추어야 하고, 다양한 실무능력을 갖춘 인재이어야 합니다. 만약에 전공지식을 물었을 때 아무것도 모르고, 바보처럼 멍청하게 있다면, 이러한 '인재'는 앞으로 어떻게 좋은 직장을 구할 수 있겠습니까?

마지막으로, 어떤 이는 아르바이트를 하는 것이 많은 용돈을 벌 수 있어서, 부모의 부담을 덜어줄 수 있다고 하는데, 사실은 그렇지 않습니다. 아르바이트는 일반적으로 보수가 매우 낮습니다. 몇 장의 현찰을 받으려고, 자주 F성적을 받기도 하는데, 심한 경우, 그 현찰마저도 받지 못합니다. 이런 뛰는 토끼 잡으려다 잡은 토끼 놓치는 방식은 절대 해서는 안 됩니다. 반대로, 만약에 열심히 공부한다면, 장학금을 받는 것이 아르바이트로 번 돈보다 훨씬 많습니다. 이렇게 해야, 일거양득, 진정으로 부모의 부담을 덜어 줄 수 있습니다.

위의 말을 종합하면, 저는 대학생이 아르바이트를 하는 것은 단점이 장점보다 많다고 생각합니다. 학생으로서, 대학 다니는 동안에는 공부에 집중해야, 미래에 더 잘 부모에게 보답하고, 사회에 공헌하여, 사회와 시대가 필요로 하는 인재가 될 수 있을 것입니다.

제8과

담배 이야기 --- 아들에게

사랑하는 아들.

요즘 잘 있니? 너는 줄곧 아빠가 담배 피우는 것을 싫어했지. 나도 매우 담배를 끊고 싶지만 나는 줄곧 해내지 못해서 매우 부끄럽구나.

오늘은 아빠가 네게 내가 담배 피우는 일과 관련된 이야기를 좀 해보고 싶어. 어쩌면 네게 도움이 될 거야.

1983년, 나는 나의 대학생활을 시작했어. 우리 기숙사 안에는 두 명의 골초가 있었어. 그들은 습관이 하나 있었는데, 담배를 꺼낼 때에, 항상 '담배 돌리기'를 좋아했어. 즉 그 자리에 있는 모든 사람에게 한 대씩 주는 것인데, 지금 생각해보면 이것은 중국인들만이 가지고 있던 나쁜 문화였던 것 같아. 나는 사실 완전히 과감하고도 정중하게 거절할 수 있었지만 훗날의 인간관계를 고려해서, 실수를 범해버렸어. 나는 그 담배 제안을 받아들였고 이것이 말썽의 시작이었지. 많은 말썽의 시작은 모두 자신의 소신을 끝까지 지키지 못하는 데에서 시작되는 거야.

물론, 사람은 타협도 해야 해. 많은 원칙적인 문제가 아닌 이상, 자신의 소신을 지키지 않는 것이 사실 매우 심각한 일은 아니야. 하지만 나의 문제는, 내가 소신을 지기키 못하는 동시에 또 작은 잘못을 범하는 데에 있었어. 다른 사람들 모두 나에게 몇 번씩 담배를 청했는데 내가 어떻게 거절을 할 수 있었겠니? 허영심이 나에게 아직 중독되지 않았을 때에 나를 끊임없이 담배를 사게 만들었어.

잘못을 저지르는 것을 두려워해서는 안 돼. 아이가 잘못을 저지르는 것은 영원히 큰 사건이 아니야. 그러나 네가 기억해야 하는 일이 있어. 정확한 방법으로 자신의 잘못을 대할 줄 알아야 해. 특히 잘못에 잘못을 더하는 방식으로 자신의 잘못을 수정할 수 없어. 정말 어떻게 대응해야 하는지 모르면, 너는 대응하지 않는 것을 택하는 것이 차라리 나을 거야.

하루는, 할아버지, 바로 나의 아빠가 회의의 짜투리 시간에 학교에 와서 나를 면회했어.

너의 할아버지가 나의 침대 가장자리에 앉아 있을 때에, 나는 돌연 베개머리의 담배를 발견했는데 감추기에는 이미 늦어버렸어. 내가 생각하기엔 할아버지는 분명히 담배를 보았어. 그러나 그는 아무 말도 하지 않았어. 십여 분 뒤에, 할아버지는 담배를 꺼내어서, 한 대 피우며 담배를 주저하면서 탁자 위에 올려놓으셨어. 아이야, 나는 네가 이 자세한 이야기에 유의하기를 바란다. 할아버지는 결코 담배를 아빠의 손에 쥐어 주지 않았고, 탁자 위에 놓았다. 나중에 아빠는 그 담배를 집어 들었고, 바로 할아버지가 아빠를 위해 담뱃불을 붙여주었어.

지금, 나는 내가 당시 마음의 느낌을 최대한 정확하게 너에게 알려주고 싶어. 너의 할아버지가 아빠에게 담뱃불을 붙여줄 때에, 아빠는 하마터면 울 뻔했는데, 힘들게 눈물을 참았어. 나는 이 장면이 감동적인 성인식이라고 인정했어. 네 할아버지는 아빠가 진정한 남자가 된 것이라 인정하신 거였어.

사실상, 이것은 하나의 오판이야. 너도 알고 있듯이, 아빠로서 나는 너를 야단친 적이 있지만, 네가 유의를 했었는지 모르겠어. 아빠는 다른 사람 앞에서 너를 욕한 적이 없어. 너는 너의 존엄이 있거든. 아빠는 너의 친구 앞에서 그것을 박탈할 권리가 없어. 마찬가지로 할아버지는 내가 담배를 피우는 것을 아무리 찬성하지 못한다고 하더라도, 당시의 특수한 환경을 고려해서, 그렇게 많은 학우 앞에서 아들을 질책할 수는 없으셨을 거야. 아버지라는 사람은 항상 다른 사람 앞에서 자신의 아들을 보호해야 하는 것이지만, 이것은 아들의 행동이 항상 적당하다는 것을 의미하지는 않아.

내가 가장 너와 이야기 나누고 싶은 부분은 사실은 여기에 있어. 내 진실한 마음이야. 사람은 정이라는 것이 있어. 특히 혈육 간에. 때로는 가장 감동적인 온정이 "우리는 함께 가장 맞는 일을 하였다."고 일종의 착각을 종종 가져오곤 해. 아빠는 너의 할아버지가 담뱃불을 붙여 준 것을 그의 성인의식으로 간주했어. 이것은 사실 아빠의 일방적인 소망이야. 만약 할아버지가 아빠의 당시 심리를 알았다면, 할아버지는 그렇게 하지 않으셨을 것이야. 절대로.

아들, 아빠가 가장 누리고 싶은 것은 너와 이야기를 나누는 것이야. 그 당시의 특수 환경 때문에, 할아버지와 아빠의 이야기가 그다지 좋았다고 볼 수 없겠지만 너와 아빠의 상황은 당시보다 훨씬 좋아졌으니 우리는 더 충분히 이야기할 수 있겠지, 그렇지 않니?

아들아, 너는 어떤 성인의식을 하고 싶으니?

항상 즐겁게 살아라.

비우

2014년 5월 26일 홍콩에서

이 글은 필비우의 "담배 한 대의 이야기"(2015년 인민문화출판사 "글이 가득히 쓰여 있는 공간")에서 발췌했고, 수정한 부분이 있습니다.

제9과

바다를 향하여, 봄이 따스하고 꽃이 피어나리라.

해자

내일부터, 행복한 사람이 되련다.

말을 먹이고, 장작을 패고, 세계를 돌아다니자.

내일부터 양식과 채소에 관심을 갖자.

나는 집 하나가 있는데, 바다를 향하고, 봄이 따스하고 꽃이 피어나리라.

내일부터 모든 지인과 소식을 주고받겠다.

그들에게 알려 주리라. 나의 행복을.

그 행복한 번개가 내게 알려준 것을

나는 모두에게 알려줄 것이다.

모든 강, 모든 산에게 따뜻한 이름을 지어주리라.

낯선 이, 나는 너를 위해서도 축복하리라.

너에게 찬란한 앞날이 있기를 기원한다.

세상의 모든 연인이 부부로 맺어지기를 바란다.

네가 속세에서 행복을 얻기를 기원한다.

나는 바다를 향하여, 봄이 따스하고 꽃이 피어나기만을 기원합니다.

오늘부터, 바다를 향하여, 봄이 따스하고 꽃이 피어난다.

해자의 시《면조대해, 춘난화개》는 1989년 1월 13일에 쓰여졌다. 이 시는 해자의 대표작 중의 하나이고, 가장 널리 알려져 있는 시 중의 하나이다. '면조대해, 춘난화개', 이 구절은 수없이 많은 파티에서 개막사로 사용되었고, 전체 시는 생기발랄함이 넘치고 있습니다. 처음 이 시를 읽을 때에 느낀 것은 적극성과 즐거움인데, 다시 읽을 때에는 오히려 점점 더 많은 구슬픔과 우울함이 읽혀집니다. 이 시는 총 3절이고, 제1절에는 시인의 이상 속의 '행복한 사람'의 생활 모습을 허구화하였습니다. 시인이 갈망하던 평범한 생활의 내용도 있고(양식과 채소에 관심을 갖는 것), 자유롭고 한가한 생활 풍격을 유지하였으며(말에게 먹이를 먹이고 장작을 패고 세상을 유람하는 것), 더욱 결정적으로 그것의 고요함과 독립에 있습니다. ― 사회 대중의 주변에 독립적으로 존재합니다(면조대해, 춘난화개). 이러한 행복은 현실과 이상, 물질과 정신의 완벽한 통일이고, 미래에 속하며, 환상에 속합니다.

제2·3절은 상황의 묘사에서 정감의 토로로 바뀌었는데, 시인은 자신으로부터 남에게로 혈육의 정과 우정에 대한 아낌을 표현하였고, 정감의 커버 면적이 천천히 넓어져서, 흉금이 점차 열립니다. 특히, 시 제3절의 '낯선 이'에 대한 세 가지 '원함' 중, 최후의 '네가 속세에서 행복을 얻기를 기원한다.'에서 '박애정신'은 말에서 넘쳐난다. 이 단락을 작은 소리로 읽고, 나의 마음은 신선하고 의미심장한 언어에 의해서 감동되었고 시인이 표출해내는 진정과 선량함에 감동되었습니다. 그는 '행복한 사람'이 되고 싶고, '행복의 번개'를 각 사람에게 알려주고 싶습니다. 설사 낯선 이라도 그는 진정으로 '속세에서 행복을 얻기'를 축원합니다. 전체 시는 얼핏 보면, 순박하고 즐거운 방식으로 세상 사람들에 대한 진정한 축원을 보냅니다.

그러나 최후의 한 구절에서, 정감은 갑자기 전환됩니다. '나는 바다를 향하여, 봄이 따스하고, 꽃이 피기를 원할 뿐이다.' 마치 속세의 행복은 시인과 무관하다고 말하고 있는 것 같고, 시인의 모순된 심리상태를 드러내고 있습니다. 세상 사람들에 대해 진정한 마음을 막 드러내고, 재빨리 몸을 돌려, 바다를 향하여, 대중을 등진다. 세속생활의 행복과 즐거움을 긍정하지만, 속세에 빠져 속인이 되기를 달가워하지 않습니다. '춘난화개'의 축원은 단지 시인이 세상을 떠나기 전에 모두에게 선물을 주는 것일 뿐 입니다. 비록 시인이 시 속에서 속세의 행복한 생활을 상상하면서, 통속적이고 따뜻한 말로 모든 사람에 대한 진정한 축복을 전달하였습니다. 그러나 여전히 우리는 솔직하고 성실한 말 뒤에서 숨어있는 우울함을 분명히 느낍니다. 과연, 시인은 이 시를 쓰고 2개월 후에, 1989년 3월 26일에, 철로에 드러누워 자살했습니다.

천단강성《임종적안(임종의 눈)》속에서 인용한 한 마디: "아마도 당신은 나를 비웃을지 모릅니다. 자연의 아름다움을 사랑함에도 불구하고, 자살하여 자연을 떠나려고 한다고. 이것은 스스로 모순되는 것이라고. 그러나 자연의 아름다움이라고 하는 것은 나의 '죽음에 임박한 눈' 속에서 보이는 것입니다." '바다를 향하여, 봄이 따스하고, 꽃이 핀다.'도 아마도 오랫동안 '마음속에 어두움이 가득함'을 느끼고 있는 해자의 동떨어진 생각일 거라고 말할 수 있을까?

나는 시인이 아니고, 이상과 현실의 분열에 대해서 결코 고통과 고독을 느끼지 않습니다. 나는 삶과 꿈의 세상은 항상 일치하지 않는다고 이해합니다. 그러나 인생의 진정한 의미는 삶이 항상 '봄이 따스하고, 꽃이 피는 행복'이 아니라는 것을 아는 데에 있지만, 여전히 삶을 사랑하고, 마음속에 꿈을 품고, '바다를 마주하고, 봄이 따스하고, 꽃이 피는' 날이 올 것이라고 믿습니다. 시인 해자는 내심의 속박을 벗어날 방법이 없었고, 내일을 잃었습니다. 그러나 우리는 각각의 지인과 통신을 하여, 그들에게 우리의 즐거운 매 순간을 알려줄 수 있는 기회가 있습니다. 오늘부터, 나는 바다를 향하여, 봄이 따스하고, 꽃이 핀다.

제10과

회사지원용 자기소개서

먼저, 귀하께서 소중한 시간을 내어 제 자기소개서를 읽어 주셔서 감사합니다. 저는 진심으로 귀사에 들어가서, 귀사의 오랜 발전을 위해 제 청춘과 지혜를 바칠 수 있기를 바랍니다.

저는 이겨울이라고 합니다. 한국대학에서 전기자동화 전공을 공부하는 학생입니다. 2019년 2월에 졸업 예정입니다. 학창시절에, 저는 열심히 공부하고, 끊임없이 자신을 더욱 향상시키고 완벽하게 하고, 문제를 스스로 분석하고 해결하는 능력을 양성하였습니다. 동시에 단체협동정신도 갖추었습니다. 가혹한 취업형세는 우리로 하여금 지식에 대해 존중하게 하였고, 저는 제 전공기초지식을 열심히 공부했고, 연속 두 번 장학금을 받은 적이 있으며, 교내 스피치대회에서 최우수상을 받은 적이 있습니다. 대학도 사회와 연결되는 공간입니다. 입학부터, 수업에서 필요한 이론 과정 이외에도, 수업 외의 시간에 광범위한 경험을 했습니다. 많은 수업 외의 시간을 실습과 인턴, 아르바이트 등에 사용했습니다. 2015년과 2016년 여름방학 때에, 다른 학우와 함께 필리핀에 가서 사회봉사를 하였습니다. 2016년 다른 학우와 함께 전국대학생 창의성대회 1등상을 수상했습니다. 그러한 훈련을 통해서 저는 많은 것을 얻었습니다. 개인역량을 키웠을 뿐만 아니라 봉사정신과 협동정신, 사회적 책임의식 또한 길렀습니다.

평소에 저는 운동, 여행, 독서를 좋아합니다. 대학생활에서 비록 공부나 인턴이나 아르바이트가 많은 부분을 차지하였지만, 시간은 스스로 짜내는 것입니다. 특히 여가 시간에는 자신의 취미를 키웠습니다. 저는 운동이 신체를 단련하고, 몸과 정신을 강하게 할 수 있다고 생각합니다. 여행과 친구 사귀기는 저에게 세계를 보는 눈을 뜨게 해주었습니다. 그리고 책, 특히, 중국사회, 역사, 경제 등 방면의 책은, 제 전공 수준을 끌어올릴 수 있었고, 제 전공 외에 기술지식을 풍부하게 해주었습니다. 한 눈은 주위의 세계를 관찰하고, 다른 한 눈은 제 자신을 자세히 살폈습니다. 저는 일상생활 중에서 대화 스타일과 행동거지에 주의하고, 타인과의 소통 경험을 축적하고, '오늘의 내가 어제의 나보다 더 잘 한다'를 목표로 노력합니다. 또한 저는 선량하고 진실한 태도로 사람을 대하고, 전체를 고려하는 것은 처세의 스타일입니다. 낙관적이고 활달함은 저의 개성이고, 협동정신과 봉사정신은 저의 가장 큰 장점입니다.

이밖에도, 대학교 3학년 2학기 때에는 중국 산동대학에 가서 공부를 하였는데, 그동안 우수한 성적을 거두었습니다. 저는 여러 프로젝트와 시합에 참가하여, 중국 선생님의 인정을 받았습니다. 대학 3년간, 우수한 학생과 함께 일을 하는 것이 저로 하여금 경쟁 속에서 얻는 게 있다는 것을 깊이 느꼈습니다. 도전하는 것은 저로 하여금 좌절 속에서 성장하도록 하였습니다. 선배들은 저에게 근면하고, 책임을 다하고, 선량하고, 정직하라고 가르칩니다. 대학 3년 동안 실사구시적이고 진취적인 태도를 길렀습니다. 저는 귀사가 운영하는 사업을 사랑하고 이 영광스러운 사업에 조금이나마 보탬이 될 수 있기를 간절히 원합니다. 저는 실무를 하면서 공부하고, 발전할 것입니다. 비록 많은 지원자 중에서 제가 가장 우수한 사람이 아닐 수도 있지만, 전 여전히 자신감이 있습니다. 저의 미래를 기대해 주십시오!

귀사에 대한 정보와 귀사가 가지고 있는 경쟁력, 발전성을 바탕으로 저의 이력서 한 부 보내드립니다. 제게 기회를 주신다면, 꼭 귀사에 도움이 되는 인재가 되겠습니다! 좋은 소식을 기다리겠습니다. 대단히 감사합니다!

2018년 12월 11일

 손정(孫貞)

· 중국 산서재경대학교 학부
· 중국 수도경제무역대학교 석사
· 고려대학교 박사
· 현 성결대학교 중어중문학과 조교수

汉语写作一书通 중국어작문통

초판 인쇄   2019년 08월 05일
초판 발행   2019년 08월 12일

저   자 손 정
발 행 인 윤석현
발 행 처 제이앤씨
등   록 제7-220호
주   소 서울시 도봉구 우이천로 353 성주빌딩 3F
전   화 (02) 992-3253
팩   스 (02) 991-1285
전자우편 jncbook@daum.net
책임편집 박인려

ISBN 979-11-5917-144-4 13720   정가 22,000원